教育部人文社会科学重点研究基地
Key Research Institute of Humanities and Social Sciences at Universities

Global Chinese Review

海外华人研究

（第四辑）

暨南大学华侨华人研究院　编

暨南大学出版社
JINAN UNIVERSITY PRESS

中国·广州

图书在版编目（CIP）数据

海外华人研究．第四辑／暨南大学华侨华人研究院编．—广州：暨南大学出版社，2020.12
ISBN 978-7-5668-3077-7

Ⅰ．①海…　Ⅱ．①暨…　Ⅲ．①华人—研究—世界　Ⅳ．①D634.3

中国版本图书馆CIP数据核字（2020）第257849号

海外华人研究（第四辑）
HAIWAI HUAREN YANJIU（DISIJI）
编　者：暨南大学华侨华人研究院

出 版 人：张晋升
策划编辑：黄圣英
责任编辑：冯　琳　詹建林
责任校对：张学颖　林　琼
责任印制：汤慧君　周一丹

出版发行：暨南大学出版社（510630）
电　　话：总编室（8620）85221601
营销部（8620）85225284　85228291　85228292　85226712
传　　真：（8620）85221583（办公室）　85223774（营销部）
网　　址：http：//www.jnupress.com
排　　版：广州市天河星辰文化发展部照排中心
印　　刷：佛山市浩文彩色印刷有限公司
开　　本：787mm×960mm　1/16
印　　张：8.5
字　　数：146千
版　　次：2020年12月第1版
印　　次：2020年12月第1次
定　　价：45.00元

前　言

《海外华人研究》是由暨南大学教育部人文社会科学重点研究基地——华侨华人研究院组织编写的专业学术出版物，我们始终强调《海外华人研究》的世界性和多学科性，研究对象涵盖华侨、华人、华侨华人与中国关系等相关的研究领域。论文作者来自全球不同国家，旨在为海内外的专家学者提供一个更广阔的学术交流平台。

《海外华人研究》收录精选具有原创性、严谨性的学术论文和书评，包括：从社会学、人类学、政治学、历史学、经济学、地理学、人口学等多学科的视角对当代海外华人问题进行研究探讨；涉及海外华人社会、民族、宗教、妇女问题、华人家庭代际关系、华人饮食习惯、华商以及华人参政等不同主题；从当代海外华侨华人与中国关系的视角来研究侨乡、中国侨务政策等方面的文章。此外，也会针对特定的主题出版。

本辑共包括七篇论文，两篇书评。在论文部分，中山大学范若兰论述了“三八”国际妇女节对新马华人妇女运动的推动作用，成为抗日救亡运动期间新马华人妇女进行妇女解放宣传、建立妇女团体、筹赈救亡、政治动员的最佳契机。来自马来亚威尔斯国际大学的李健友以马来西亚华人制造业为个案，通过回顾商业历史，验证了华人家族企业必须实行机构改革和创新，从而让隐性知识具体化并永续发展。加拿大约克大学石晓宁通过对20世纪30—40年代北美洪门致公堂领袖司徒美堂生平和活动的考究，对北美华侨史、中国政党史研究做了有益的补充。暨南大学李爱慧分析了1965年以来美国华人经济的转型过程，提出了美国华人经济传统经济和知识经济“双轨并行”的发展特征。厦门大学刘悦对当前海外华人研究领域采用的“留学生移民”“海外华侨华人”“华裔新生代”等概念作了探讨，认为随着人口迁移和人员流动的加剧，国际移民研究中一些传统的移民概念面临着迫切拓展的必要。法国学者纪野、王思萌基于对中国学者在法国受教育经验的定性研究，探讨了随着社会科学国际化而产生的认识论问题。文莱大学云昌耀论述了当前中国经济的崛起对印尼华人特性的重塑，指出目前华人特性被印尼华裔视为一种经济资产，有利于其与中国进行商贸往来。

在书评部分，暨南大学杨真真和厦门大学叶丽萍分别对两部英文著作《留守妻子：从福建到东南亚的家庭移民（1930—1950 年）》和《亲爱的中国：1820—1980 年的侨批研究》做了评析，阐述了两部著作分别对于移民研究、性别研究和侨批研究的重要价值和贡献。

Preface

Global Chinese Review (*GCR*) replaces *Chinese Overseas Review* as a key academic publication of the Academy of Overseas Chinese Studies, Jinan University, which is a Key Research Base of Humanities and Social Sciences under the Ministry of Education, P. R. C. This publication's objective is to serve as an academic platform for scholars around the world to share their research findings on Chinese Diaspora and Chinese Diaspora-China connections. It aims for a comprehensive coverage of various topics related to the study of the Chinese Diaspora and China-Chinese Diaspora relationship from multi-disciplinary perspectives.

GCR publishes original scholarly research works on topics related to Chinese local communities across the world, immigration, Chinese ethnicity and ethnic relations, Chinese religions, food and culture; Chinese family and inter-generational relations, Chinese women and gender relations, Chinese businesses and entrepreneurship; Chinese Diaspora and political participations in local and global communities, and contributions on Chinese Diaspora-China connections that explores hometown connections, Chinese policies towards Chinese Diaspora.

This publication has two sections, including seven research papers and two book reviews. In the research paper section, Fan Ruolan from Sun Yat-sen University of China discussed the role of "March 8th" the International Women's Day in Singaporean and Malayan Chinese women's movement and concluded that the annual "March 8th" celebration has become a platform to integrate the women's movement and the anti-Japanese national-salvation movement. Lee Kean Yew of International University of Malaya-Wales, conducted a study of eleven Malaysian Chinese family SMEs in the plastic manufacturing sector. This study demonstrated that possessing reliable knowledge and resources over an extended period of time have enabled these Malaysian Chinese SMEs to innovate, reduce utilization costs and promote competitive advantage. Shi Xiaoning from York University of Canada used government records, association records, and contemporary newspaper accounts to reinterpret the roles of Seto Mee Tong, a prominent leader in Chinese American society during the 1930s' and 1940s', and re-evaluated his contributions during the first four decades of the 20th century. Li Aihui from Jinan University of China analysed the transformation and development of early Chinese American economy with its two parallel tracks characteristics. Liu Yue from Xiamen University of China examined the concept of international student migrants and several other terms, pointing out the urgent need to update the traditional terms or discourses of migration in Chinese Overseas Studies. Based on a qualitative research of students from the People's Republic of China who were trained in Social Sciences in France and returned to pursue their career in higher education and research in China, Gilles Guiheux and Wang Simeng discussed the epistemological issues raised by the internationalization of Social Sciences. Chang-Yau Hoon from Universiti Brunei Darussalam, through examining the historical trajectory and contemporary dynamics of the ethnic Chinese in Indonesia, argued that in present day Indonesia, Chineseness is embraced positively among Chinese Indonesians as an economic asset.

In the book review section, Yang Zhenzhen from Jinan University reviewed the book *China's Left-Behind Wives: Families of Migrants from Fujian to Southeast Asia, 1930s – 1950s* (by Shen Huifen, Singapore: National University of Singapore Press, 2012). Yang commented on the contribution of this book to migration and gender studies. Ye Liping from Xiamen University reviewed *Dear China: Emigrant Letters and Remittances, 1820 – 1980* (by Gregor Benton and Liu Hong, Oakland: University of California Press, 2018). Likewise, Ye commented on the contribution of *qiaopi* research to understanding life of early Chinese migrants in different parts of the world.

目　录

Content

“三八”国际妇女节与战前新马华人妇女运动

范若兰[*]

【摘　要】“三八”国际妇女节在20世纪20年代末传入新马殖民地，但直到1937年才受到重视，此后，在抗日救亡运动的激励下，每年一度的“三八”国际妇女节庆祝对于推动新马华人妇女运动的兴起发挥了巨大作用，它是妇女运动与抗日救亡运动有机结合的平台，成为新马华人妇女进行妇女解放宣传、建立妇女团体、筹赈救亡、政治动员的最佳契机。

【关键词】“三八”妇女节；妇女运动；抗日救亡；华人妇女；新加坡；马来亚

* 作者简介：范若兰，中山大学国际关系学院、东南亚研究所教授（Email：fanrl@ mail. sysu. edu. cn）。

“三八”国际妇女节（下文简称“三八”妇女节）源起于20世纪初欧美的一系列妇女抗争，之后确定为妇女争取平等权利的节日，并逐渐传播到全世界，对于推动殖民地半殖民地国家妇女解放运动发挥了重要作用。新马华人妇女运动的兴起和发展得益于中国妇女解放运动和抗日救亡运动，而“三八”妇女节提供了契机和平台，推动华人妇女运动的兴起。

有关战前新马华人妇女运动的研究很少，只有数篇论文，分别探讨了海峡华人知识分子的女权思想、抗日救亡运动与妇女解放运动的关系，以及华人妇女运动的发展历程，① 但这些论文都没有注意到“三八”妇女节在华人妇女运动中的特殊地位和作用。实际上，在性别观念保守、妇女势力极为薄弱的新马华人社会，推动妇女运动需要契机，如抗日救亡运动，也需要具有特殊意义的纪念日，如“三八”妇女节，如果说妇女运动与抗日救亡运动是一种互动关系，那么“三八”妇女节就是将两者有机结合的符号和平台。本文主要利用战前新马华文报刊有关“三八”妇女节的评论和报道，梳理“三八”妇女节在华人妇女运动和抗日救亡运动中的作用，进而探讨“三八”妇女节作为一种符号、象征和平台，对于华人妇女解放的特殊意义。

一、“三八”妇女节的引入及扩展

“三八”妇女节在20世纪初出现，很快传到中国，1924年广州妇女界举行大规模集会庆祝“三八”妇女节。这一消息立即传到新加坡，出现在1924年4月1日的《南洋商报》“广东新闻”版中，标题为“广州女界之示威运动”，报道广州妇女界于妇女节纪念日散发传单，要求女界一切应得权利。1927年3月，广州妇女又举行盛大集会纪念“三八”妇女节，新马华文报刊不仅加以报道，② 而且还对“三八”妇女节详加介绍。据笔者目前所见，华人报刊第一次介绍“三八”妇女节是1927年3月8日《新国民日报》出版的“国际妇女日特号”，刊载《国际妇女日的概观及中国妇女运动的我见》，详细介绍了“三八”妇女节

---

① 李元瑾：《新加坡海峡华人知识分子的女权与女学思想》，载［新］杨松年、王慷鼎合编：《东南亚华人文学与文化》，新加坡亚洲研究学会，1995年；范若兰：《国家、民族危机与妇女解放：抗日救亡运动与新马华人妇女的政治动员》，《马来西亚华人研究学刊》2004年第7期；范若兰：《移植与本土化：殖民地时代马来亚华人女权运动的发展进程》，载王政、陈雁主编：《百年中国女权思潮研究》，复旦大学出版社，2005年。

② 《广州女界之“三八”妇女节大会》，《南洋商报》，1927年3月22日。

的起源、欧美女权运动，以及中国妇女运动应该努力的方向。当日该报还发表评论，作者感叹：“嗟夫，欧美妇女，人也，中华妇女，亦人也，何欧美则进步如斯，而中华除近年广州少数觉悟妇女举行纪念式外，余皆懵然妄觉。”[①] 1930 年“三八”妇女节，《新国民日报》用整版的篇幅刊登国民党中央宣传部编制的《纪念“三八”国际妇女节宣传大纲》，详细介绍妇女节的历史及意义，中国妇女运动与国民革命的关系，“三八”妇女节与中国妇女运动的要点及努力方向等。同日，该报还发表两篇有关“三八”妇女节的评论，除了介绍“三八”妇女节的起源和发展，还提出妇女解放的最高目标，是“使妇女的人权、人格及经济、政治的地位，和男子平等”[②]。

尽管那些年每到“三八”妇女节，华文报刊都有刊文介绍，但华人妇女极少有实际纪念活动。笔者目前所见最早纪念“三八”妇女节的是南洋女子体育专门学校于 1930 年 3 月 8 日假新加坡福建会馆表演节目，[③] 这一活动几乎不为人知，所以 1930 年 3 月 8 日《叻报》仍失望地指出，“今日为国际妇女节，各国妇女界均有热烈之纪念，国内京津平汉粤各都会，是日多举行开会庆祝，惟寄迹南岛之女同胞，受着欧风美雨之激荡，对兹纪念日，觉寂然无所表示”[④]。随后数年，“三八”妇女节在新马仍是停留在报纸上，鲜有纪念活动。甚至 1932—1936 年的“三八”妇女节，连报纸上都不见纪念的文字。

这种沉寂局面在 1937 年被打破，这一年的“三八”妇女节，新加坡和槟城华人妇女公开集会纪念。3 月 8 日，新加坡青年励志社举行“三八”妇女节妇女纪念会，参加者有各女校师生代表、妇女界闻人、励志社社友，会场张贴着“我们要拥护‘三八’节”“要争取自己的权利和地位”“我们要有征服旧礼教的勇气”“‘三八’节是国际妇女争取解放的先声”“妇女解放万岁”等标语，会场人流涌动，气氛热烈。大会主席黄素云在致辞中指出妇女解放的重要性，还提出“希望今天此会后，星洲以及马来亚的女同胞，有热烈的响应，组织妇女团体”。端方女校校长杨瑞初在发言中，从历史、性质、目的三方面详细而严谨地介绍了

---

① 省躬女士：《“三八”国际妇女节》，《新国民日报》，1927 年 3 月 8 日。

② 宋：《妇女解放的关键——为“三八”国际妇女节而做》，《新国民日报》，1930 年 3 月 8 日。

③ 《为妇女谋解放之福建会馆》，《南洋商报》，1930 年 3 月 10 日。

④ 《今日为国际妇女节》，《叻报》，1930 年在 3 月 8 日。

“三八”妇女节。[①] 同日，槟城华人妇女界近百人举行集会纪念“三八”妇女节，主席陈慧卿的致辞给人留下深刻印象，她指出，在男权中心的社会里，一切事情都是男子决定，现在女性应该有独立精神。[②] 新加坡和槟城华人妇女同时召开集会纪念“三八”妇女节，在新马华人社会是破天荒头一次，也被认为“这是1937年南侨妇女醒觉的第一声”[③]。为什么1937年新马华人妇女开始集会纪念“三八”妇女节？其实与中国处于危机中有关，日本侵华的步伐加快，西安事变后国共合作，中国进入抗日政治动员，海外华人社会与中国联动，华人妇女也开始政治动员。借助纪念“三八”妇女节，新马华人妇女第一次举行较大规模的集会，开启了以后一年一度的“三八”妇女节庆祝大会模式。

1937年卢沟桥事变，日本全面侵华，祖国处于危机中。新马华人社会立即行动起来，1937年8月15日，新加坡118个华人社团的代表召开“马来亚新加坡华人筹赈祖国伤兵难民大会委员会”，简称“新加坡筹赈会”，陈嘉庚任主席。马来亚其他州也纷纷成立筹赈会，为动员华人妇女积极投身抗日救亡运动，不少筹赈会设立妇女部。在这一背景下，1938年“三八”妇女节成为华人妇女政治动员的最佳契机。3月8日，新加坡华人妇女庆祝“三八”妇女节的大会规模盛大，有一千多人参加，从总领事夫人、社会名流，到劳动妇女，还有学生、教师和家庭妇女。大会主席刘稚芩致辞，动员华侨妇女团结起来积极投身抗日救亡运动，强调“今后我们妇女的地位能否提高，能否解放，就看我们这次对于救亡工作的力量如何”[④]。这次大会非常成功，时人评论说：“我相信这次在南洋举行庆祝‘三八’妇女节，不但将在南洋妇女解放运动史上留下光辉的一页，并且妇女解放运动、救亡运动也必更因这向前推进。”[⑤] 槟城妇女界三月初就筹划在3月8日举行妇女节纪念大会，同时举办游艺会筹赈，遗憾的是，因为没有提前两星期向警察局申请准字，被当局阻止，槟华妇女节纪念大会被迫取消。但马来亚其他不少城镇举办了各种庆祝“三八”妇女节的活动，雪兰莪筹赈会妇女部在吉隆坡中华剧院举行庆祝活动并演剧筹赈，怡保的“三八”妇女节庆祝活动分

① 《新加坡破题儿第一遭　热烈纪念“三八”妇女节》，《总汇新报》，1937年3月9日。
② 陈慧卿：《妇女节献词》，《南洋商报》，1937年3月19日。
③ 冰子：《纪念“三八”节》，《南洋商报》，1937年3月7日。
④ 《“三八”国际妇女节　星华妇女纪念大会》，《总汇新报》，1938年3月8日。
⑤ 水源：《我的一点意见：参加星华妇女庆祝“三八”后的感想》，《星洲日报》，1938年3月13日。

多处进行，一处在霹雳公立女子中小学，有学校师生和来宾500人参加，一处在霹雳中华商会，由霹雳筹赈会妇女部组织，有100多人参加。[①] 连一些小城镇也破天荒第一次集会庆祝“三八”妇女节，峇株巴辖华人妇女举行庆祝集会，到会者有爱群女校的学生五六十人，妇女界及知识界三十人，家庭妇女数十人，女佣约十人。[②]

1939年“三八”妇女节，新马各地继续举行各种纪念活动，范围进一步扩大，形式也多种多样。新加坡妇女界纪念“三八”妇女节大会有数千人参加，主席黄典娴致辞，武汉合唱团献唱，[③] 槟城的北马妇女互助会召开纪念大会，会场张贴着“纪念‘三八’妇女节，厉行节约活动”“集中我们的力量，为国家而努力”“继续铲除依赖的劣根性”“争民族之生存，谋自身的解放”“提高我们的社会地位”“槟华妇女团结起来”“提高女子教育”等标语口号。[④] 马六甲妇女界第一次举行“三八”妇女节纪念仪式，参加者有数百人，讲演人林大典提出希望，一是开展马华妇女运动，实际参加筹赈工作；二是各阶层要打成一片，扩大妇女组织；三是为争取自由平等，必须再接再厉地奋斗。[⑤] 太平、怡保、瓜涝庇劳、巴生、麻坡、新山、峇株、芙蓉等地的妇女界也开始举办“三八”妇女节庆祝活动，[⑥] 还有双溪大年、文冬、居林、华都牙也、昔加末、振林山、文律、亚罗士打、大山脚、江沙等地也在“三八”妇女节进行售花助赈。

1940年的“三八”妇女节纪念不论在广度还是深度上都有所突破。新加坡华人妇女纪念“三八”妇女节游艺大会，有六七百人参加，演说者有梁定慧、王莹、殷碧霞等人。从会场布置的标语看，民族解放和妇女解放同是关注的主题，这些标语包括：“马华妇女应力取宪政平等”“只有民族得到解放妇女才得解放”“精诚团结建立华侨妇女统一救亡战线”“新式女性不涂粉不搽脂不烫发”“我们要把有用的金钱捐给国家”“我们要和平只有武装起来”“要求妇女解放只有经济独立”。[⑦] 马六甲妇女纪念“三八”妇女节，会场上的标语“打倒多妻主

---

① 《伟大“三八”妇女节　怡保社会庆祝动态》，《总汇新报》，1938年3月10日。

② 《峇华妇女破天荒举行妇女集会，纪念“三八”》，《星洲日报》，1938年3月9日。

③ 《南洋商报》，1939年3月8、9日。

④ 《纪念“三八”妇女节　不忘祖国灾黎》，《总汇新报》，1939年3月10日。

⑤ 《甲华妇女“三八”妇女节售花得国币千余元》，《南洋商报》，1939年3月11日。

⑥ 《国难严重声中　笑迎“三八”妇女节》，《总汇新报》，1939年3月7日；《纪念“三八”妇女节　不忘祖国灾黎》，《总汇新报》，1939年3月10日。

⑦ 《星洲日报》，1940年3月9日。

义”十分引人注目。会后，女学生和老师组成 14 个小分队，分头发售筹赈戏票。[①] 麻坡、文德甲、太平、振林山、直凉、布先、华都牙也、居銮、安顺、金宝、双溪大年、地摩、新山、美农、实华、玲珑、永平、甘马挽、打巴、坤甸、朱毛、沙叻北、江沙、加地等地华人妇女都举行各种各样的庆祝“三八”妇女节活动。[②]

1941 年，“二战”战火愈烧愈烈，马来亚感受到战争日益迫近的威胁，“三八”妇女节纪念活动也加入新内容。新加坡妇女纪念“三八”妇女节大会，参加者除了以往的妇女界闻人、女校师生、女工外，还有英国人，如警察总监 H. Dickinson 的夫人，中外妇女第一次齐聚一堂庆祝“三八”妇女节。其他地方华人妇女也如往年一样纪念“三八”妇女节，森美兰筹赈会妇女部在芙蓉举行纪念会，主席魏文玉致辞，指出：“我们纪念‘三八’妇女节，并不单是举行一个仪式的纪念便了事，我们应该扩大宣传，把每个妇女都组织起来，使她们知道自己的处境和应负的任务。”[③] 马六甲、居銮、昔加末、红土坎、文德甲等地也举行“三八”妇女节纪念活动，参加者有闻人、女校师生、家庭妇女、佣妇、女工等。文冬妇女部举行庆祝“三八”妇女节大会，参加者 200 余人，并以演两晚粤剧的方式进行筹赈。[④] 此外，三合港、金宝、美罗、打巴曙、江沙、督亚冷、古来、巴洛、巴生、大年、笨珍、甘马士等地华人妇女也以各种形式纪念“三八”妇女节。[⑤] 遗憾的是，1941 年 12 月日本入侵新马，打断了蓬勃发展的华人妇女运动，随后几年新马华人妇女的“三八”妇女节纪念陷入停顿。

从战前“三八”妇女节在新马的传播和实践来看，它是一个由浅到深、由点到面、由理论到实践的过程，抗日救亡运动推动了新马华人妇女运动的发展，也推动“三八”妇女节纪念活动向广深发展，而“三八”妇女节也为华人妇女运动和抗日救亡提供了契机和平台，为两者的结合和发展发挥了特殊的作用。

---

① 《甲妇女纪念“三八”》，《总汇报》，1940 年 3 月 10 日。

② 《“三八”妇女节各地一片解放声》，《总汇报》，1940 年 3 月 11 日；《南洋商报》，1940 年 3 月 7—15 日。

③ 《“三八”国际妇女节　自由解放呼声》，《总汇报》，1941 年 3 月 10 日。

④ 《文冬筹赈会妇女部定期粉墨登场》，《总汇报》，1941 年 3 月 11 日。

⑤ 《南洋商报》，1941 年 2 月 14 日—3 月 21 日。

二、“三八”妇女节在新马华人妇女运动中的作用

新马华人社会是一个移民社会，具有以下特点：一是其国家认同指向中国，祖籍国与家乡是华人高度关注之所在；二是文化传承是传统中国文化，性别观念保守；三是华人社会性别比例严重失衡，女性人口较少，华人妇女在经济、政治上的弱势地位，导致她们长期处于失声和沉寂的状态。“三八”妇女节为新马华人社会注入一股新流，为华人妇女提供了发声和动员的契机及平台。

（一）妇女解放的启蒙与宣传

新马最早出现妇女解放宣传并不是在“三八”妇女节纪念日，[①] 但“三八”妇女节应该是最密集的宣传妇女解放的时机，各华文报刊纷纷借“三八”妇女节刊登相关文章和评论，介绍“三八”妇女节的来历，探讨妇女问题，提醒人们关注。1927 年 3 月 8 日《新国民日报》出版“国际妇女日特号”，其中一篇文章提出，“我以为吾们中国妇女运动所应注意的，就是：一、婚姻的平等；二、教育的平等；三、经济的平等；四、政治的平等。全中国的妇女啊，沉沦于男子专横之下的全中国妇女啊，自由钟响了，妇女们的自由钟响了，起来为你们的光明而奋斗罢”[②]。《南洋商报》在 1927 年 3 月 26 日发表《女权》一文，借“三八”妇女节纪念日提出，“女能”是女权的基础，所谓“女能”，是指适合新潮流之女德、女学、女才、女识。1929 年 3 月 9 日《新国民日报》发表《国际妇女节后有感》，感叹“三八”妇女节“过于沉寂了”，认为若能够重视这个日子，对于妇女解放就是一个“有力的兴奋剂”。“今年的重大日子已经过去了，从今天起踏起大步向前走去尚不为迟。只要各人能够明了做人的意义，做男子的快快把桎梏毁碎，做女子的冲上前去把一切的铁链打断，光明自自然然有实现的一天。”[③]

1937 年后，“三八”妇女节受到新马华人社会的关注，各华文报刊都出版了纪念特刊，如 1937 年 3 月 6 日《大众星岛周报》出版《妇女特辑》纪念国际妇女节，登载《纪念“三八”妇女节的意义》（羊羽）、《“三八”节与妇女反战运

---

① 据笔者所见，新马最早的妇女解放言论应该出现于《女子解放》一文，刊登于《新国民日报》1919 年 11 月 4 日。

② 旦初：《国际妇女日的概观及中国妇女运动的我见》，《新国民日报》，1927 年 3 月 8 日。

③ 宋铮：《国际妇女节后有感》，《新国民日报》，1929 年 3 月 9 日。

动》（连尚同）、《“三八”节与南侨妇女》（文翔）、《救亡运动中的妇女任务》（亦民）、《妇女与新生活运动》（冰子）、《怎样纪念“三八”妇女节》（黄平）等文章。《南洋商报》也于3月8日前后刊登多篇文章，有《纪念“三八”节》（冰子）、《妇女们不能忘记“三八”节》（文翔）、《漫谈南洋妇女——为“三八”而作》（迅鸥）、《“三八”节》（书正）、《从妇女节谈起》（文翔）等。

除了各报刊在“三八”妇女节进行宣传外，1938年后新马华人妇女团体也加入宣传中来。1938年“三八”妇女节前，星华妇女会就组成“‘三八’节纪念特刊编辑委员会”，致函新加坡各大华文报馆，包括《南洋商报》《星洲日报》《总汇新报》《新国民日报》《星中日报》，请求各报纸在附刊上刊登全版的“三八”妇女节纪念特刊，并各报效500份以便分发，纪念特刊内容包括《发刊词》《“三八”节历史及意义》《妇女节歌》等。① 各大报馆都很支持，在1938年3月8日那天，华文报纸都辟有“‘三八’妇女节纪念特刊”，发表多篇相关文章。当有人以为“三八”节特刊不欢迎男作者的文章，“‘三八’节纪念特刊编辑委员会”特别声明，指出妇女节虽为妇女的节日，但并不是与男子对立，因此，“欲改造社会，当与男子共同努力”，尤其在国难之际，男女更应分工合作，共同负起救亡之责任。② 1941年“三八”妇女节，新加坡妇女筹赈会再次组织在《总汇报》《星洲日报》《南洋商报》刊登“星华妇女纪念‘三八’妇女节特刊”，各报还报效200份，以便在妇女节分发。历年的“三八”妇女节纪念特刊一再宣传妇女节的来历、妇女解放的含义和意义，对于华人妇女具有较好的启蒙和教育作用。

除了报刊宣传，每年举行的“三八”妇女节纪念集会也是宣传妇女解放的最佳时机，大会主席和讲演人的致辞都会谈及“三八”妇女节的来历、妇女受压迫的状况，以及妇女解放的意义。1937年在槟城华人妇女纪念“三八”妇女节集会上，主席陈慧卿高度评价“三八”妇女节对妇女解放的意义，她指出，全世界的妇女都处于受压迫地位，“因此，凡是妇女，都有一种共同的要求，那就是要求‘人’的地位和‘人’的权利。这样，‘三八’节就产生出来。……所以，‘三八’节好比我们的明灯，它在黑暗中，给我们照出一条路来”③。

---

① 《星华妇女会“三八”节纪念特刊编辑委员会开会》，《南洋商报》，1938年2月16日。
② 《星华妇女会来信》，《南洋商报》，1938年3月9日。
③ 陈慧卿：《妇女节献词》，《南洋商报》，1937年3月19日。

1937年日本全面侵华后，抗日救亡成为中心任务，宣传工作转向妇女解放与救亡运动相结合。1938年“三八”妇女节，报刊文章强调“今天妇女运动的意义，无疑的要以抗日救亡为中心，妇女自身的要求，一定要和民族的要求联系起来，每一个女同胞都要把这个民族解放战争看作争取自身解放的机会”①。当时很多宣传抗日救亡运动的歌谣也加入妇女解放的内容，如1939年“三八”妇女节前，有人专门编印妇女节《三字经》，从“三八”妇女节的历史讲到日军的暴行，再讲到各国的女英雄和妇女觉醒，如“三月八，天气清，妇女节，气象新。全世界，妇女们，开大会，同祝庆”②。

可以说，“三八”妇女节对于新马华人妇女解放发挥了特殊作用，它进行启蒙和宣传，提高妇女议题的显示度，引起人们对妇女问题的关注，也唤醒妇女投身到妇女解放和抗日救亡运动中去。新马华人妇女运动与抗日救亡运动是互相促进的关系，一方面，妇女运动需要融入民族救亡运动，才能获得更大的支持和发展空间；另一方面，抗日救亡运动需要动员所有民众的参与，占人口一半的妇女是不可或缺的力量。而“三八”妇女节成为两者结合的完美平台，动员妇女参与抗日救亡，争取国家解放和妇女解放。

（二）促成更多妇女团体的建立

1937年以前，新马只有屈指可数的几个妇女团体，如新加坡华人妇女协会（1917年成立）、槟城女子精武会（1922年成立）、新加坡基督教女青年会（1929年成立）。1937年日本全面侵华后，为了筹赈救亡，新马各地建立筹赈会，华人妇女也建立了一系列独立或附属组织，其活动主要围绕筹赈、宣传、妇女教育方面展开，按其组织类型，基本上可分为三类：

第一类是独立的妇女组织，如北马妇女互助会（1937年3月8日成立）、星华妇女筹赈会（1937年9月成立）、槟城妇女互助会（1938年3月成立）、槟城中华妇女会（1938年1月成立）、怡保妇女互助会（1938年春成立）、星洲华人妇女会（1939年3月成立）、马六甲妇女联合会（1938年3月8日成立）等。

第二类是附属组织，如筹赈会下属的妇女部，各地励志社下属的妇女部等。筹赈会下属的妇女部有雪兰莪筹赈会妇女部、麻坡筹赈会妇女部（1938年成

---

① 楚珉：《“三八”节与中华妇女》，《南洋商报》，1938年3月8日。
② 《纪念“三八”节之妇女三字经》，《新国民日报》，1939年3月8日。

立）、峇株巴辖筹赈会妇女部（1938 年成立）、新山筹赈会妇女部（1938 年成立）、霹雳筹赈会妇女部（1938 年 3 月成立）、安顺筹赈会妇女部（1938 年 3 月 8 日成立）、劳勿筹赈会妇女部（1938 年 3 月 8 日成立）、双溪牙兰筹赈会妇女部（1939 年 3 月 8 日成立）、沙捞越筹赈会妇女部（1939 年 3 月 8 日成立）、野新筹赈会妇女部（1940 年 3 月 8 日成立）、星华洋业工友筹赈会妇女部（1940 年 2 月成立）、波各先那筹赈会妇女部（1941 年 3 月 8 日成立）。励志社下属的妇女部有青年励志社妇女部（1938 年 3 月成立）。

第三类是职业组织，如粤华妇女互助会（女佣组织，1940 年 2 月成立）、舞女协会（1939 年 11 月成立）等。

许多妇女团体，尤其是各地筹赈会下属的妇女部，正是借助“三八”妇女节的东风，在“三八”妇女节集会上宣告成立。最早是北马妇女互助会在 1937 年 3 月 8 日率先成立，1938 年各级筹赈会成立的妇女部最多，劳勿、安顺筹赈会为更好地进行救亡工作，决定在“三八”妇女节成立妇女部。安顺筹赈会妇女部在成立宣言中说，卢沟桥事变以来，祖国同胞流离失所，“吾人海外侨处谁能无动于中（衷），救国岂肯后人，同人等有鉴于此，以众志成城之义，特组织筹赈会妇女部，共赴国难以尽天职”①。看到妇女在募捐和动员方面的成绩，偏僻地方的筹赈会也成立妇女部，1939 年双溪牙兰筹赈会决定组建妇女部，沙捞越筹赈会也成立了妇女部。1940 年 3 月 8 日，野新筹赈会举行“三八”妇女节庆典，并成立妇女部。同年星华妇女互助社举行成立典礼，并纪念“三八”妇女节，参会人数有 5 000 多人，这是一个规模较大的女工组织。② 1941 年“三八”妇女节波各先那筹赈会成立妇女部，同时，吉打大年妇女庆祝“三八”妇女节，决议组织妇女协会。③

1937 年以后成立的妇女团体大多在“三八”妇女节成立，借助这一天的纪念集会闪亮登场，扩大影响力。更重要的是，每一个妇女团体都充分利用“三八”妇女节这一天举办各种集会和活动，进行妇女解放和抗日救亡宣传，运用多种方式进行筹赈，显示华人妇女的觉悟和力量。

---

① 《安顺华侨妇女界奋起参加救亡工作定“三八”妇女节成立妇女部》，《南洋商报》，1938 年 3 月 7 日。

② 《星华妇女互助社昨举行成立典礼》，《总汇报》，1940 年 3 月 9 日。

③ 《吉打大年妇女庆祝“三八”决议组织妇女协会》，《南洋商报》，1941 年 3 月 11 日。

（三）推动筹赈与救亡活动

中国抗日战争的军需与救难都需要巨额经费，民国政府发行战争债券、向外国借款、号召海外华人捐款，因此华人对祖籍国抗战最重要的工作之一就是筹赈。海外华人向祖籍国的捐款分常月捐、公债和特别捐等，常月捐是指每月固定的捐献，公债由中国政府发行，包括救国公债、国防公债、军需建设公债、节约建国储蓄券等，特别捐是指临时捐款。为募得更多的款项，新马华人采取了多种形式，可归纳为义卖和义演，一般在法定纪念日举行，于是，每到元旦及春节、孙中山先生忌辰（3 月 12 日）、黄花岗烈士纪念日（3 月 29 日）、卢沟桥事变纪念日（7 月 7 日）、全面抗战纪念日（8 月 13 日）、日本人侵东三省纪念日（9 月 18 日）、国庆纪念日（10 月 10 日）、蒋介石寿辰纪念日（10 月 13 日）、孙中山先生诞辰纪念日（11 月 12 日），华人社会都要举行义演和义卖筹赈，华人妇女也积极参与。

除上述纪念日之外，“三八”妇女节更是华人妇女举行义演和义卖筹赈的大好时机，于是每当“三八”妇女节来临，各妇女团体在举行纪念大会的同时，进行各种筹赈活动，主要方式有：①献金。集会会场上放着募捐箱，与会者将现金、首饰等投入箱中。②售花。先是由个人或学校报效制作的纸花，再由妇女部成员和女校师生分队出售。花的样式和价钱分几等，名誉花不定价，一般卖给社会名流，价钱很高，一等花每朵 15 元，二等花 10 元，三等花 5 元，普通花随人乐捐。③游艺会。妇女团体精心准备，在会场上组织义演和义卖，每个游艺会都成为盛大的节日活动，人山人海，热闹非常，游艺会筹赈成绩惊人。④演剧。妇女团体组织成员表演话剧、粤剧等，出售演出票。⑤放映电影。妇女团体借助电影院放映电影，用出售电影票的收入来筹赈。

1938 年 3 月 8 日，雪兰莪筹赈会妇女部在吉隆坡中华剧院举行庆祝活动并演剧筹赈，成绩空前，售券得叻币 10 000 多元，现场拍卖花篮得叻币 4 850 元，拍卖家私得国币 3 740 元，加上其他收入，总计筹款约为国币 36 000 元，不仅打破吉隆坡以往游艺筹赈之纪录，也打破马来亚以往游艺筹赈的纪录。① 同年麻坡筹赈会妇女部的“三八”妇女节庆祝与卖花筹赈相结合，卖花所得全部助赈祖籍国难民。“三八”妇女节当天，八支卖花队先在化南女校集合，发表《“三八”

---

① 《雪华筹赈会妇女部“三八”节演剧筹赈》，《总汇新报》，1938 年 3 月 11 日。

妇女卖花筹赈宣言》，指出祖籍国处于危难之中，“侨居海外的我们，……应该加倍地挺起胸膛，抖擞精神，担负起‘国家兴亡，匹妇有责’的任务”。[①]

卖花助赈是“三八”妇女节妇女的主要活动之一。据《南洋商报》1939年3月9、10、11日对各地妇女纪念“三八”妇女节活动的报道，哥踏丁宜妇女部纪念“三八”妇女节售花得叻币200元，郑屋港妇女部“三八”妇女节售花得叻币200余元，实兆远妇女部发动“一元捐”得叻币170元。江沙妇女部纪念“三八”妇女节，分十队售花，5天成绩达1 000元国币。[②] 大山脚妇女部组队售花，成绩达叻币百元。高拉邦笼妇女部卖花得叻币百余元。[③]

1940年后，“三八”妇女节筹赈的形式更加多样，除售花和游艺活动外，还举行时装表演、放映电影、出售慈善券、售货、演剧等活动。1940年“三八”妇女节，新加坡华人妇女“假大世界举行游艺筹赈，该游艺会筹委如黄典娴、殷碧霞及黄素云女士联袂出发劝售名誉券，获各界热心认购，所得达叻币千余元”[④]。此次游艺会成绩甚佳，共得叻币万余元。[⑤] 霹雳妇女部纪念“三八”妇女节举行时装大会，得义款3 000余元叻币。[⑥] 麻坡妇女部“三八”妇女节售花，得800余元叻币。[⑦] 文德甲妇女部庆祝“三八”妇女节大会后，立即分队出售慈善券，出售成绩为260多元叻币。[⑧] 振林山妇女部庆祝“三八”妇女节，放映电影助赈，共得叻币1 500余元。布先妇女部举行纪念“三八”妇女节及演剧筹赈，得叻币800余元。华都牙也妇女部放映电影筹赈，得叻币700余元。居銮妇女部举行纪念大会，会后分七队售花，得叻币120余元。安顺妇女部募捐，得叻币170余元。[⑨] 1941年“三八”妇女节，金保妇女部演戏筹赈，劝售“三八”妇女节戏券，首日成绩达叻币700.05元。[⑩] 文冬妇女部则表演粤剧助赈。霹雳金宝妇女部放映电影、售券、售画，筹赈成绩达叻币2 000余元。[⑪] 还有马六甲、

---

① 《纪念“三八”节　华侨妇女界总动员》，《总汇新报》，1938年3月9日。
② 《江沙妇女纪念“三八”节》，《槟城新报》，1939年3月8日。
③ 《北马妇女界热烈纪念“三八”节》，《槟城新报》，1939年3月10日。
④ 《南洋商报》，1940年2月29日。
⑤ 《星华妇女纪念“三八”妇女节游艺大会　昨在空气严肃中开幕》，《总汇报》，1940年3月9日。
⑥ 《霹雳妇女纪念“三八”节举行时装大会》，《总汇报》，1940年3月10日。
⑦ 《麻坡妇女“三八”节售花》，《总汇报》，1940年3月10日。
⑧ 《文妇女甚形热烈》，《总汇报》，1940年3月10日。
⑨ 《“三八”妇女节各地一片解放声》，《总汇报》，1940年3月11日。
⑩ 《金保妇女劝售“三八”节戏券》，《总汇报》，1941年3月6日。
⑪ 《霹雳金宝妇女放映电影售券售画成绩二千元》，《南洋商报》，1941年3月10日。

美罗、居銮、古来等地妇女部放映电影纪念妇女节并筹赈。居銮妇女部纪念会后分三队出发出售电影筹赈券，一日之内，共得叻币300多元。文德甲妇女部会于“三八”妇女节出发售花，一天得赈款110元叻币。①

“三八”妇女节是妇女的节日，新马华人妇女充分利用妇女节进行救亡筹赈活动，上述活动对华人妇女解放和救亡运动具有积极作用，一方面，华人妇女筹赈成绩惊人，为抗日救亡作出巨大贡献；另一方面，上述活动提高了华人妇女的活动能力和组织能力，也促进妇女解放观念的传播。

三、“三八”妇女节对新马华人妇女运动的特殊意义

20世纪30年代新马华人妇女运动并不只是在“三八”妇女节才出现，而是随时进行。但妇女节作为妇女的节日，对新马华人妇女运动具有特殊意义。

公共节日，诸如民国政府国庆节、××诞辰日、“五一”劳动节、“三八”妇女节、“五四”青年节等，具有纪念性、周期性、集体性等特点和功能，通常每年进行纪念，与之相伴的是宣传和集会。这种一年一度的周期性纪念活动，加强了节日的仪式、记忆和意义，尤其是对特定群体的意义。“三八”妇女节是妇女的节日，它对于唤醒妇女、推动妇女运动发展，发挥了巨大作用。

新马华人社会是父权制根深蒂固的社会，也是移民社会，华人妇女深受中国文化和中国政治发展影响。“三八”妇女节先传到中国，然后传到新马，借助抗日救亡运动，成为华人妇女每年的纪念节日。它对于新马华人妇女运动的特殊意义在于宣传、动员和本土化。

首先，“三八”妇女节是一种丰富的宣传资源，每到这个节日，有关妇女节起源、妇女解放、妇女运动、男女平等、女子职业、女子教育等议题一定集中出现在宣传中。所以精英女性充分利用“三八”妇女节进行密集的宣传，并大声疾呼：“亲爱的妇女们，为了我们国家的光荣，为了你们自身的解放，我们不但要利用这一个纪念日，去扫清一切错误的观念，纠正一切错误的行为，接受新的认识，并且要用我们的血和力来纪念这伟大的‘三八’节。”②

其次，“三八”妇女节是一个群体参与的平台，最大程度动员不同阶层、不

① 《“三八”国际妇女节　自由解放呼声》，《总汇报》，1941年3月10日。

② 水源：《怎样纪念“三八”节》，《总汇新报》，1938年3月8日。

同方言、不同地域的华人妇女参与。①“三八”妇女节庆祝打破了华人妇女各阶层的隔离，知识分子、女学生、女工、家庭妇女第一次聚在一起，共同庆祝自己的节日，进行抗日救亡动员。1938 年 3 月 8 日，新加坡妇女庆祝“三八”妇女节大会，出席者来自各阶层，发言人有刘韵仙（教育界代表）、许丽坦（舞女代表）和江澜（建筑女工代表）。[①] 知识女性、女学生和女工是政治动员的中坚力量，家庭妇女是动员对象。新马华人妇女以庆祝“三八”妇女节为契机和平台，各阶层妇女为了抗日救亡的共同目标，团结起来，形成一股较强的力量，一扫过去的沉寂。②“三八”妇女节庆祝也提升了各方言帮妇女的社会参与和团结度。新马华人社会分为几个方言帮，因语言、职业不同而处于相对隔离状态，不同方言帮的妇女也较少来往，还存在对“他者”的歧视。“三八”妇女节庆祝也为各方言帮妇女提供了社会参与和交往的契机，从而改变彼此的偏见。粤籍妇女以女佣和女工为多，她们经济自立，自主性强，在抗日救亡运动中非常活跃，尤其是女佣，经常组织起来演剧筹赈，新加坡、槟城、吉隆坡、芙蓉等地粤籍女佣都组织了筹赈剧团。潮侨妇女多家庭主妇，较少参与社会活动，现在也组织妇女部。琼侨妇女人数较少，过去几乎不参与任何活动，一向是沉默的人群。在抗日救亡运动中，琼侨救难会宣传部也借“三八”妇女节发表《告同侨妇女书》，号召琼侨妇女积极参加抗日救亡运动，一向人少势寡的琼侨妇女也加入纪念“三八”妇女节的行列。[②] ③“三八”妇女节庆祝也将妇女解放和抗日救亡的活动扩大到马来亚的穷乡僻壤，一向落后的小镇华人妇女也加入政治动员的行列。新加坡、槟城等大城市最先出现“三八”妇女节庆祝活动，妇女解放和抗日救亡运动也走在前列。随后各州府所在城市，如雪兰莪吉隆坡、柔佛新山、霹雳怡保、吉打亚罗士达、森美兰芙蓉出现“三八”妇女节庆祝活动，同时小城市，如柔佛的峇株、居銮，霹雳的太平、安顺、江沙，彭亨的文冬，吉打的双溪大年、居林，雪兰莪的巴生，马六甲的野新也出现“三八”妇女节庆祝活动。很快，一些小镇，如柔佛的笨珍、昔加末、哥踏丁宜（哥打丁宜）、永平、三合港、古来、振林山、文律、郑屋港，霹雳的金保、打巴、红土坎、美罗、巴里文打、玲珑、朱毛、布先、地摩、沙叻北、督亚冷，彭亨的直凉、文德甲，吉打的波各先

---

① 《星华妇女庆祝“三八”节》，《星洲日报》，1938 年 3 月 9 日。
② 《琼侨救难会宣传部，“三八”节发〈告同侨妇女书〉》，《总汇新报》，1939 年 3 月 8 日。

那、美农，森美兰的马口、瓜涝庇劳，丁加奴的甘马挽等地，也破天荒举行"三八"妇女节庆祝活动。这些小镇过去从来没有出现过妇女运动，现在也为了抗日救亡，引进"三八"妇女节，发出妇女解放的声音。可见，"三八"妇女节是一个很好的契机和平台，打破了新马华人妇女的阶层、方言和地域隔离，将妇女运动和抗日救亡运动传达到各妇女群体，尤其是过去极少参与社会活动的家庭妇女、琼侨妇女和小城镇妇女，扩大了华人妇女的政治动员程度。

最后，"三八"妇女节也是连接新马妇女与中国和国际妇女的纽带，将中国妇女运动与华人妇女运动进而与国际妇女运动结合在一起。早期新马"三八"妇女节宣传关注的是中国妇女，基本上是站在中国本土立场言说妇女解放，如1931年3月7日《新国民日报》的《纪念"三八"国际妇女节》，完全是站在中国的角度，"我国妇女纪念这个谋妇女平等解放的'三八'国际妇女节，就应该用全力来促进国民革命的成功，然后获得彻底的解放"①。1937年以后，随着"三八"妇女节庆祝在新马落地，精英们开始关注南洋妇女，强调华人妇女运动是中国妇女运动的一部分，"马华妇女运动是祖国妇女运动的一环，当这祖国的生死关头，马华妇女界已经开始团结起来走上救亡的大道，但是团结，显然还未巩固。……我们希望马华进步的女同胞，在这'三八'节加紧本身的团结，争取各阶层各种信仰的妇女到抗日统一战线来"②。同时，华人妇女运动也是世界妇女运动的一部分，"'三八'节它还有更重大的意义——它唤醒了全世界酣睡的妇女，它指示出妇女运动应走的路向，它更提示我们：妇女运动应打破各民族间的隔膜，联合全世界妇女，相互提携来促成妇女解放运动的早日实现"③。实际上，"三八"妇女节将新马华人妇女带入世界妇女运动的场域，以世界和中国妇女运动激励南洋华人妇女运动。"现在我女侨胞也应乘机为妇女本身在社会上争取地位，表现我们妇女的能力，打破原有的不平等观念。由这一点上去纪念'三八'节，其意义就更重大了。"④

尽管"三八"妇女节对推动战前新马华人妇女运动有特殊作用，但新马"三八"妇女节庆祝本身就是在抗日救亡运动促进下出现和发展的，在抗日救亡

① 《纪念"三八"国际妇女节》，《新国民日报》，1931年3月7日。
② 楚琨：《"三八"节与中华妇女》，《南洋商报》，1938年3月8日。
③ 冰子：《纪念"三八"节》，《南洋商报》，1937年3月7日。
④ 《纪念"三八"节》，《总汇报》，1940年3月8日。

压倒一切的背景下，本应在“三八”妇女节得到大力关注的妇女解放议题让位于救亡议题，导致妇女解放处于次等地位。历年“三八”妇女节纪念活动永恒的主题是抗日救亡，不论是集会还是文章，都强调抗日救亡与民族解放，有一篇题为“‘三八’谈妇女解放”的文章指出，“要妇女解放，就要国家民族的独立；要保持国家民族的独立，就要抗战到底；要争取最后胜利，就要全体民众努力，尤其要妇女同胞认清形势，确定任务，共同奋斗”①。这篇谈妇女解放的文章，甚至只字不谈妇女解放。当时人们普遍认为，只有国家民族解放了，妇女才能解放，这也是1938年以后妇女节宣传的主要内容，正如黄典娴在1941年《星华妇女纪念“三八”妇女节特刊》上的题词：“姐妹们，我们纪念‘三八’妇女节，应精诚团结，共赴国难，以求最后胜利之获得，抗战之成功。然后我国得以享自由平等幸福，妇女方能解放！”②

总之，“三八”妇女节作为妇女的专属节日，它所具有的纪念性、周期性、集体性等特点，对于推动新马华人妇女运动的兴起发挥了巨大作用。它是妇女运动与抗日救亡运动有机结合的平台，成为新马华人妇女进行妇女解放宣传、建立妇女团体、筹赈救亡、政治动员的最佳契机。

“March 8th” the International Women’s Day and Pre-war Ethnic Chinese Women’s Movement in Singapore and Malaya

Fan Ruolan

(School of International Relations, Sun Yat-sen University, Guangzhou, 510275)

Abstract: “March 8th” the International Women’s Day was introduced into Singaporean and Malayan colony in the late 1920s. But it was not until 1937 that it started to draw public attention. From then on, the annual “March 8th” celebration

---

① 匹妇：《“三八”谈妇女解放》，《总汇报》，1940年3月8日。

② 《题词》，《总汇报》，1941年3月8日。

inspired by the anti-Japanese national-salvation movement has played a huge role in promoting the rise of Singaporean and Malayan Chinese women's movement. It is a platform for the organic integration of the women's movement and the anti-Japanese national-salvation movement. It has become the best opportunity for the Singaporean and Malaysian ethnic Chinese women to propagate women's emancipation, establish women's organizations, and collect relief materials for national salvation, as well as the chance for political mobilization.

Key Words: "March 8th" the International Women's Day, women's movement, anti-Japanese national salvation, ethnic Chinese women, Singapore, Malaya

隐性中的新知识：马来西亚华人制造业的创新和企业发展

［马］ 李健友*

【摘　要】 现有的有关华人企业的参考文献指出，由于东南亚华人企业多归于家族企业，这有利于产品结晶于家族企业的组织创新。当马来西亚进行工业化后，华人中小型家族企业（SMEs）经历着世代交替，然而却很少有研究去发掘这些企业如何发展其创办人的隐性知识。马来西亚华人家族企业文化是以家族管理模式为特征，集权威于一体的家文化。“家族至上”的意识将成员个体完全归属于家族，个人利益服从于家族利益，以家族利益为重，所有家族成员尽全力去追求家族的兴旺、发达和荣耀。家族成员身居要职，掌握着企业的核心秘密，由于华人家族利益和企业利益高度一致，他们会严守秘密，而使自己的企业在激烈的竞争中立于不败之地。本文以 11 个在塑胶制造业表现出色的马来西亚华商家族企业为样本进行纵向评估，以期探讨新一代华人企业如何培育创新管理、创造营销技巧。通过回顾商业历史的纵向个案研究来鉴定隐性知识的发展，本文验证了华人的家族企业必须实行机构改革以让隐性知识具体化，确保永续发展。

【关键词】 华人中小型家族企业；马来西亚；隐性知识；创新；发展

---

* 作者简介：李健友（Lee Kean Yew），马来亚大学经济学博士，现为马来亚威尔斯国际大学博士后研究员（Email：Kean_yew@yahoo.com）。

一、前言

全球工业化竞争越来越大，迫使日本、美国和欧洲公司也看到类似的趋势。① 殖民和后殖民时期，英国的企业牢牢控制着马来西亚经济。然而，Puthucheary ② 注意到，当时马来西亚华人在制造业占据了主导地位，他们大部分都是家族式制造业，以小型企业和家庭式生产的模式进行③。到了世纪交替时，第二代马来西亚的华人公司则着重于组织中的生产和营销之间的联系，各自开发新的产品和服务。

表 1　马来西亚不同行业占 GDP 的百分比（1970—2015）

年份	1970	1980	1990	1995	2000	2015
第一产业*（%）	44. 3	33. 9	28. 1	20. 5	15. 5	17. 9
第二产业**（%）	18. 3	24. 9	30. 0	36. 5	40. 6	27. 4
第三产业（%）	37. 4	41. 2	41. 9	43. 0	43. 9	53. 5

注：* 包括农业和矿业。

** 包括制造业和建筑业。

根据政府采取的工业策略，马来西亚的经济发展结构转型迅速，已从农业和初级产品生产国转变为一个日益工业化的大型制造基地，服务行业也有所发展。如表 1 所示，在过去 45 年中，第一、二、三产业有着明显的结构转型。第三产业虽然比第二产业增长缓慢，但也从 1970 年的 37. 4% 增长到 1995 年的 43. 0%，并在 2015 年大幅增长至 53. 5%。在 1995 年至 2015 年间，马来西亚将工业化作为经济发展的主要目标，因此，制造业是增长最快的产业，也是马来西亚经济增长的主导力量。这种结构转型使马来西亚从初级商品出口国转变为高附加值制成品出口国。

在 20 世纪 90 年代后期，马来西亚政府表示需要将马来西亚的中小型企业融

① Peter F. Drucker, *Concept of the Corporation*, The John Day Company, 1946.

② Puthucheary, James J., *Ownership and Control in the Malayan Economy*, Eastern Universities Press, 1960.

③ Tan, T. W., *Income Distribution and Determination in West Malaysia*, Oxford University Press, 1982.

入跨国公司（Multinational Corporations，MNCs）创建的全球供应链。为了辅助这个过程，政府采用全球供应商计划（Global Supplier Program，GSP），原始设备制造商（Original Equipment Manufacturing，OEM）和产业连接计划（Industrial Linkage Program，ILP），试图促进经济多样化以便提升创新能力来加强技术共享伙伴关系和合作机会。① 除此之外，马来西亚政府实施新经济政策（New Economic Policy，NEP，1971—1990），使华人的家族企业发生重大的结构改变，出现了被视为"阿里巴巴"（Alibaba）的华人—马来人联盟企业，即公司由华人所拥有，马来人被视为一个沉默的合作伙伴。②

创新的议题在每个发展或转型政策议程中都非常重要。通过企业文化的创新过程，马来西亚华人家族企业努力培养和发展创新能力以生产新产品和服务，支持家族企业尝试通过编纂将隐性知识转化为显性知识。依据《韦氏大学词典》（*Merriam Webster's Collegiate Dictionary*）的定义："文化是人类行为的整合形态，这些行为包括思想、言谈、行动以及美术，同时倚赖人们学习并将知识传递至后代的能力。"由此而言，知识是可以用来传递（transmission）的一种流量（flow），而此知识流量则与隐性（tacit）知识有关。③ 知识若为隐性，则很难为他人所察知，除非知识拥有者自愿且自主地将其与人分享，否则很难达到传达的目的。

而在今天的知识经济时代，知识的取得与应用是否便利，是许多社会乃至国家能否成功发展的关键，这显示了知识的再现与分享之重要性。那么，如何克服知识流量的隐藏性呢？知识常被视为蕴含丰富资讯的一种形式，不过这样的界定是没有多大帮助的，较有用的界定应该是从知道如何（know-how）和知道为何（know-why）来了解。我们可以拿汽车来做一比喻。首先，要了解它，我们也许可以把汽车之所有成分的分子结构资料（data）拿来分析，不过这显然没有多大

① Dosi，Teece and Winter，*Toward a Theory of Corporate Coherence in Technology and Enterprise*，Clarendon Press，1992，185 - 211.

② Searle，P.，*The Riddle of Malaysian Capitalism：Rent-Seekers or Real Capitalism*?，Allen and Unwin，1999；Heng，P. K. and Sieh，L. M. L.，The Chinese Business Community in Peninsular Malaysia，1957 - 1999，In Lee Kam Hing and Tan Cheebeng（Eds.），*The Chinese in Malaysia*，Oxford University Press，2000；Wazir，J. K.，The Globalization of Southeast Asia and Rooted Capitalism：Sino-Nusantara Symbiosis，In Menkhoff，T. and Solvay，G.（Eds.），*Chinese Entrepreneurship and Asian Business Networks*，Routledge，2000. Gomez，E. T.，Affirmative Action and Enterprise Development in Malaysia：The New Economic Policy，Business Partnerships and Inter-Ethnic Relations，*Kajian Malaysia*，2003，21（1 - 2），pp. 59 - 104.

③ Polanyi，Michael.，*Personal Knowledge：Towards a Post-Critical Philosophy*，University Of Chicago Press，1974［1958］.

用处，因为我们实在无法从这样的资料中看出它到底是一款什么样的汽车。这些成分清单提供给我们一些资讯（information），而其实绘制的设计图也可以提供给我们相关的知识——文字知识，这是一种显性知识（explicit knowledge），它实实在在地告诉我们如何生产这款汽车。

这个比喻告诉我们，我们需要资讯才能使知识有效、有生产力。光知道如何生产一款汽车还不够，还需要其成分的清单。而若要决定做什么款的汽车，就需要更多的资讯，譬如该汽车之消费者的品位偏好。这也是如何重新塑造新知识管理（knowledge management，KM）的真谛所在。[①] 本文对隐性中的新知识进行多方面的研究。首先，关注家族企业如何提升技术，创新企业品牌和高端产品，来增强家族企业。其次，本文也追溯马来西亚华人企业如何利用隐性知识转化为编纂形式，并通过产品开发让这些隐性知识商业化。整体研究方法采用纵向案例研究来展现跨世纪的华人企业发展，了解马来西亚华人企业如何通过有效利用隐性知识，并在塑料制造过程中引入有效的管理、营销技巧和质量控制来进一步加强这一过程。尽管这些企业在马来西亚经济中具有巨大影响力，并且有能力塑造国内的经济发展，但没有针对这些企业的相关研究。

通过档案资料，本文针对华人塑料产业的家族和非家族的关键人物进行了半结构式访谈，研究期间受访者提供了非常丰富的历史和当代经验证据。家族企业的隐性特点在于很难精确描述家族企业跨世纪发展，造成很少学者采用定性研究（Handler，1989）。[②] 这是因为大多数家族企业的准确信息并不容易获得，华人家庭普遍坚信家事不能外扬。因此，在家族企业研究中缺乏重要数据并不奇怪。另一项研究显示马来西亚最富有的40家华人家族企业投资不同的产业，并且有效利用国家资源，在东南亚地区日益显赫。[③]

然而，马来西亚某些华人企业仍然面临创新不足的问题，因为随后的几代人接管后并未能顺利适应企业发展的新趋势，导致企业衰退或停滞不前（Heng and

---

① Aoki，M.，*Toward a Comparative Institutional Analysis*，MIT Press，2001.

② Handler，W. C.，Methodological Issues and Considerations in Studying Family Businesses，Family Business Review，1989（2），pp. 257－276.

③ Singh，B.，*Growing Coffers*：*Aggregate Wealth of Malaysia's* 40 *Richest Malaysian Business*，2008，February 16，*Malaysia Business Magazine*，18；Ibrahim，H. and Samad，F. A.，Family Business in Emerging Markets：The Case of Malaysia，*African Journal of Business Management*，2010，4（13），pp. 2586－2595.

Sieh, 2000）。[①] 这些华人家族企业也可能由于多年不变导致增长缓慢，创新活动投资低，这些因素都造成马来西亚华人企业的衰退。Gomez 针对英国和马来西亚的华人家族企业进行了比较研究。[②] 他发现，马来西亚大多数华人企业比较希望继承人成为专业人士，这一点就阻碍或限制了这些家族企业的发展和方向（Gomez, 2004）。[③] 其中一个核心问题是马来西亚华人企业遭遇的不公平政策，例如政府扶持当地人从商，忽视了华人家族中小型企业的发展。[④]

随着家族企业从上一代传承到下一代，研究显示有效地采用创新方式来发展企业是不容忽视的（Aronoff and Ward, 2001）。[⑤] 然而，很少学术研究者会针对马来西亚华人家族企业的发展进行实证研究，因此很难评估这些学术研究有关创新能力的论点是否有效。因此，本研究特别评估多代家族企业（第二代和第三代）包括如何通过新的管理方式、企业发展特点和开发新产品来有效地转变已有的隐性知识。以下是本文所关注的研究问题：

（1）马来西亚华人家族中小型企业如何经历世代变迁后仍在各自行业中保持着突出的地位？

（2）跨世代在产品制造的创新是否为马来西亚华人家族型塑料生产企业持续发展的关键因素？

（3）在隐性知识转型中的创新企业是否是协助华人家族企业在马来西亚扩张的核心因素？

二、文献回顾

与大型机构相比较，在大多数家族企业中，当领导者专注于创新时，尤其是将隐性知识转化为编纂知识时，商品和服务的质量将发生大的变化（Voss,

① Heng, P. K. and Sieh, L. M. L., The Chinese Business Community in Peninsular Malaysia, 1957 – 1999, In Lee Kam Hing and Tan Cheebeng (Eds.), *The Chinese in Malaysia*, Oxford University Press, 2000.

② Gomez, E. T., Family Firms, Generational Change and Identity Formation: The Chinese in Britain and Malaysia, *East Asia: an International Quarterly*, 2007, 24 (2), pp. 153 – 72.

③ Gomez, E. T., De-essentializing Capitalism: Chinese Networks and Family Firms in Malaysia, NIASnytt (Asia Insights, Nordic Institute of Asian Studies), 2004 (3), pp. 8 – 10.

④ Gomez-Mejia, L., Nuñez-Nickel, M. and Gutierrez, I., The Role of Family Ties in Agency Contracts, *Academy of Management Journal*, 2002, (44), pp. 81 – 95.

⑤ Aronoff, C. E. and Ward, J. L., Family-owned Businesses: A Thing of the Past or a Model for the Future? Family Business Review, 2001, 8 (2), pp. 121 – 130.

1998)。[①] 事实上，确保家族企业发展的关键因素是创新，才能为企业创造一个利基市场。公司的三个核心因素——研发（R&D）、市场营销和高端制造——可以把隐性知识转变为编纂知识，并创建一个系统以协助企业取得在市场中的商业机会[②]。家族企业的创新其实并没有一个固定模式，它取决于家族企业的产业、特点和创新能力。

相关文献显示家族企业的创新障碍就是企业组织的特性限制了创新能力。[③] 随着消费者偏好的变化，这些家族企业除非加强投资研发，不然他们可能面临失去原有的市场（Appiah-Adu and Singh，1998）。[④] 这意味着他们必须依客户的需求来发展新的知识。[⑤] 知识转型，个人经验、内在素质和能力与“学习型组织”（learning organization）的概念密切相关。[⑥] 编纂知识将作为公司的资产，后代可以发展它提高其家族企业的竞争力。然而，转型、传统知识商业化和创造隐性中的新知识谈何容易，并非一日之事。

到了20世纪90年代，马来西亚华人综合企业相继采取了意料中的发展方式：先在一领域建立“旗舰”（flagship），然后透过企业接管（takeovers）、收购、合并，或向政府申请建立公司“舰队”。由于马来西亚政府受到东亚企业模式的影响，于是，这些华人家族企业会转化为日本式“财阀”（zaibatsu）或韩国式“财团”（chaebol），促成了许多马来西亚华人大型企业集团的崛起，塑造了连锁股权模式，强调金融和工业部门之间的密切联系以推动工业化。表2以马来西亚的华人家族企业如何采用克林·盖尔西（Gersick）的过渡模式来作为探讨研究案例，显示其跨越多个世代发展成为多元化的创新企业，获得了国内和国际市

---

① Voss, C., Made in Europe: Small Companies, *Business Strategy Review*, 1998, 9 (4), pp. 1 - 19.

② Drucker, P, *The Practice of Management*, Harper & Brothers, 1954.

③ Mcconaughy, D. L. and Phillips, G. M., Founder Versus Descendants: the Profitability, Efficiency, Growth Characteristics and Financing in Large Public, Founding - Family - Controlled Firms, *Family Business Review*, 1999, 12 (2), pp. 123 - 132; Vossen, R., Relative Strengths and Weaknesses of Small Firms in Innovation, *Journal of International Small Business*, 1999, 16 (3), pp. 88 - 94.

④ Appiah-Adu, K. and Singh, S., Customer Orientation and Performance: A Study of SME, *Management Decision*, 1998, 36 (6), pp. 385 - 394.

⑤ Hobday, M., *Innovation in East Asia*, Edward Elgar, 1995.

⑥ Polanyi, Michael, *The Tacit Dimension*, Routledge and Kegan Paul, 1966; Aoki, M., *Toward a Comparative Institutional Analysis*, MIT Press, 2001.

场上的认同。① 第一代为创业家、第二代为家族伙伴关系和第三代为商业王朝。② 正如克林·盖尔西所说："任何一个民族的经济在向其现代化产业和大商业过渡时，都留有一些旧经济行为的印迹。随着产业和商业的社会化程度的提高，持有公司或上市股份公司正在替代家族企业，资产与经营的社会化也正在取代传统企业的家族管理。"

表 2 马来西亚华人家族企业的跨世代演化阶段

世代	第一代：创业	第二代：家族合伙	第三代：商业王朝
商业形式	创业	生意成熟	持有公司或家族子公司，拥有多元化业务
管控模式	创始人/持有人/经理	兄弟姐妹团队	家族分支
策略	个人观点	创新业务	可持续性的盈利，创造新的财富
治理结构	临时性、隐含	非正式委员会，与政府合作的隐性政策	外部治理机制、符合政府政策的正式政策

表 2 显示马来西亚华人家族企业第一代、第二代和第三代在业务上从简单到复杂的演变。当家族企业开始推动专业管理强化其组织能力时，其治理结构往往还有一个家族管理层，隐含的政策绝不外扬。当第三代家族企业开始成为控股公司的时候，更多的家族分支出现，导致内部和外部环境的快速变化。家族企业所采取的策略往往不但有助于维持盈利或创造新的公司，同时也将隐性知识商业化，将家族企业延续数个世代。家族企业可以在时间的考验中幸存下来的一个关键因素是家族传承工匠精神，争做优秀员工，推动"专业"管理模式③，创造和开发更多的新产品和市场。

① Gersick, K. E., Davis, J. A., Hampton, M. M. and Lansberg, I., *Generation to Generation: Life Cycles of the Family Business*, Harvard Business School Press, 1997.

② Gersick, K. E., Davis, J. A., Hampton, M. M. and Lansberg, I., *Generation to Generation: Life Cycles of the Family Business*, Harvard Business School Press, 1997; Lansberg, I., *Succeeding Generations: Realizing the Dream of Families in Business*, Harvard Business School Press, 1999.

③ Dyer, W. G., Culture and Continuity in Family Firms, *Family Business Review*, 1988, 1 (1), pp. 37 - 50.

三、概念模式和分析框架

过往的研究显示，要分析家族企业的概念框架需要整合众多的学科和理论概念。① 跨世纪商业企业史学家艾尔弗雷德·D. 钱德勒（Chandler）所阐述的组织结构走向专业化②是值得关注的。在世代改变中，当创始人放弃控管后，创新能力高与低影响了下一代的家族企业策略方向和行为③。

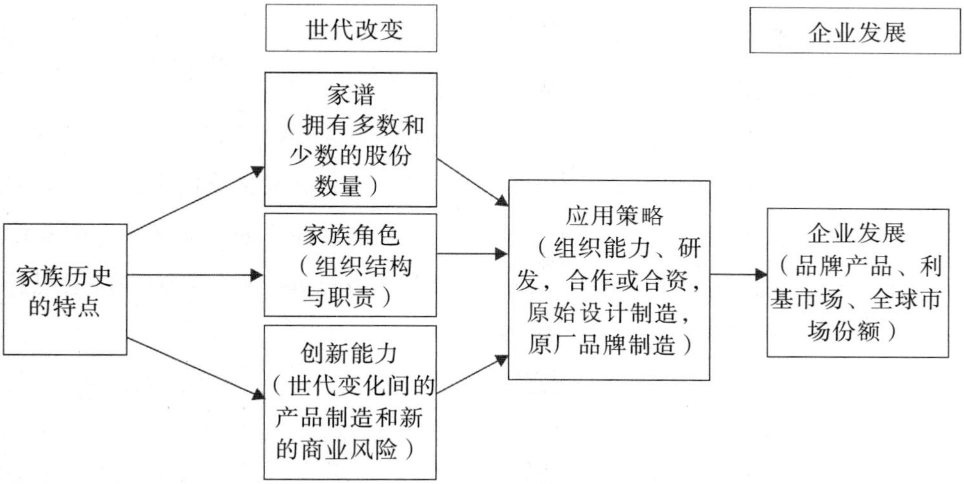

图 1　纵向案例研究——马来西亚华人家族塑料生产业的概念框架

家族企业的成与败，有赖于家族成员如何改善组织能力、加强研发、发展伙

---

① Leonidou, L., Katsikeas, C. and Piercy, N., Identifying Managerial Influences on Exporting: Past Research and Future Directions, *Journal of International Marketing*, 1998, 6 (2), pp. 74 - 102.

② Davis, P. S. and Harveston, P. D., Internationalization and Organizational Growth: The Impact of Internet Usage and Technology Involvement Among Entrepreneur-Led Family Businesses, *Family Business Review*, 2000, 13 (2), pp. 107 - 120; Chandler, A. D., Jr., *the Visible Hand: the Managerial Revolution in American Business*, Harvard University Press, 1977.

③ Gallo, M. A., Family Businesses in Spain: Tracks Followed and Outcomes Reached by those among the Largest Thousand, *Family Business Review*, 1995, 8 (4), pp. 245 - 254; Hurley, R. F. and Hult G. T. M., Innovation, Market Orientation, and Organizational Learning: An Integration and Empirical Examination, *Journal of Marketing*, 1998 (62), pp. 42 - 54; Hadjimanolis, A., an Investigation of Innovation Antecedents in Small Firms in the Context of a Small Developing Country, *R&D Management*, 2000, 30 (3), pp. 235 - 245; Fernández, Z. and Nieto, M. J., Internationalization Strategy of Small and Medium-Sized Family Businesses: Some Influential Factors, *Family Business Review*, 2005, 18 (1), pp. 77 - 89.

伴关系和建立合资企业，来创造一个新的利基市场[①]。图 1 为马来西亚华人家族产业的概念框架，它说明并链接马来西亚华人企业的概况和组织的特性变化。组织的特性变化可影响策略性管理和企业发展，从而形成工业与企业的演变。此图说明这些马来西亚华人家族企业如何评估关键议题，包括家族历史的特点，新一代的隐性知识更具体化、创造品牌产品、分拆或者利基市场，促进和培育创新，使其家族企业得到更好的延续。

尽管显性知识的延续主要是在特定历史条件或背景之下，马来西亚华人家族塑料生产业虽然普遍采用了家族式的经营运作模式，但是在经济变迁的进程中，华人家族经济运作模式也在适应各种经济环境及其变迁中不断地发生调整。与此相伴，马来西亚华人家族经济运作模式也在传统之上日趋生长出一些现代特点，这概念框架主要表现为四大特点，即经济运作的业缘化和现代化同步、本地化和国际化并重、多元化和集团化共存以及网络化。这些表征之间密切相关、交互作用，共同体现在马来西亚华人经济的家族主导模式微观运作和新知识经济宏观运行态势，并融会于海外华人经济变迁的潮流之中。

塑料行业是马来西亚制造业中最具活力的行业之一。在 20 世纪 60 年代，马来西亚塑料行业的公司数量不到 100 家，主要是供应国内市场的小型运营商。[②] 1959 年进行了第一次塑料制造业的人口调查。当时生产的大部分塑料产品是家居用品、消费品、胶片和包装袋。随后，由于经济高速增长，塑料制造企业数量迅速增加，在 20 世纪 70 年代后期达到 400 家，其中以家族企业增加最多。当时，在马来西亚迅速建立生意业务的跨国公司主要来自日本和美国，他们的出现导致对高质量精密零件的需求不断增加，也加强了这些外国公司与电气和电子行业中的中小型企业之间的联系。

自 1999 年以来，电子行业的结构性变化导致电子工业比重超越了电子元件。包括集成电路设计、原型设计、测试和故障分析在内的新的服务也在不断发展壮大。跨国公司给予塑料制造业的大型采购合同包含一个条件，即公司必须拥有高端的技术和产品。马来西亚塑料制造商将其出口基地多元化，以进入拉丁美洲、

① Kelly, L. M., Athanassiou, N. and Crittenden, W. F., Founder Centrality and Strategic Behaviour in the Family-owned Firm, *Entrepreneurship Theory and Practice*, 2000, 25 (2), pp. 27 – 32.

② Othman, Khairuddin and Yeoh, *an Overview of the Plastics Industry in Malaysia*, Paper presented at workshop on Plastics Technology, 1986, Malaysia Industry Development.

西亚和大洋洲等新市场。电子行业于 1970 年在马来西亚开始被推广，第一批塑料制造员工不足 600 人。到 2004 年，总就业人数已增至约 369 000 人，占制造业总就业人数约 36%。在 2020 年，马来西亚已有约 3 550 家塑料产品制造商。

四、纵向案例研究

塑料行业在 1929 年到 1988 年之间发生了巨大演变，大部分塑料企业并没有保留或发展创始人的隐性知识。塑料技术迅速改变，因此创造隐性中的新知识是有困难的。通常，企业生产的产品与原始产品有很大的不同。表 3 针对 11 家生产塑料的家族企业进行深入研究，显示只有少数几家保留并发展了其创始人的隐性知识。当政府在 20 世纪 60 年代中期推出出口导向工业模式后，塑料制造企业数量才开始增加。越来越多的家族成员参与经营多代企业，这说明了新一代专业人员（非家族成员）融入中小型企业进行技术转移的重要性。

此外，第三工业大蓝图（IMP3：2004—2015 年）加强了马来西亚政府与制造业互惠互利作为主要增长的产业、促进知识密集型技术的发展和培养人力资源管理（MITI，2006）。马来西亚在 2008 年财政预算案中被核准的发展金融机构增加了 38%，达 459 亿林吉特，高于 2007 年的 340 亿林吉特。在 2008 年，电子电气（E&E）产业的外资总额达 63.8 亿林吉特。这推动了半导体制造业的发展，如意法半导体（ST Microelectronics）、戴森（Dyson）和超威半导体（AMD）纷纷在马来西亚设立工厂，后来快捷半导体（Fairchild Semiconductor）也加入了。

表 3　马来西亚华人家族中小型塑料生产企业的结构演变

商业性质/采访时间	成立时间和世代/被采访者/祖籍	年销售额（百万林吉特）	员工（人）	家庭成员（人）	管理人（人）	子公司（家）	设备数目（架）	新产品（种）
星光资源（塑料注射），2011 年 10 月 10 日	1974 年，第二代，颜保龄（董事），福建	10 ~ 255	100 ~ 2 000	3 ~ 90	5 ~ 50	1 ~ 6	7 ~ 200	+（新增）150

（续上表）

商业性质/采访时间	成立时间和世代/被采访者/祖籍	年销售额（百万林吉特）	员工（人）	家庭成员（人）	管理人（人）	子公司（家）	设备数目（架）	新产品（种）
明利塑胶工业（PVC管），2011年8月8日	1980年，第二代，王建兴（董事），福建	8～172	100～500	2～80	3～12	1～2	2～50	+120
马来西亚佳比塑胶工业有限公司（水族馆和塑料注射），2011年6月11日	1970年，第二代，陈先生（工厂经理），潮州	5～115	50～700	3～40	5～40	1～5	3～100	+130
必多第一（塑料注射），2011年7月6日	1988年，第二代，林来发（主席），福建	5～86	50～400	2～30	4～40	1～6	4～150	+90
马来西亚李发模塑企业（家庭用品），2011年7月7日	1947年，第三代，卡勒姆陈先生（董事），广东	2～58	20～600	3～20	3～10	1～4	3～80	+110
宝益工业发展有限公司（塑料注射），2011年9月3日	1977年，第二代，许肯（执行长）潮州	5～55	15～60	3～10	2～8	1～2	2～25	+70

（续上表）

商业性质/采访时间	成立时间和世代/被采访者/祖籍	年销售额（百万林吉特）	员工（人）	家庭成员（人）	管理人（人）	子公司（家）	设备数目（架）	新产品（种）
南成塑胶工业有限公司（容器和塑料注射），2011年8月5日	1967年，第二代，陈金彪（董事），潮州	5～45	20～330	2～10	2～20	1～7	4～110	+90
恒山企业（载带），2011年11月12日	1973年，第二代，谢俊雄（董事），客家	2～38	20～110	2～20	3～10	1～3	3～50	+50
友利工业有限公司（扫帚和刷子），2011年9月23日	1970年，第二代，陈莉萍（董事），福建	2～18	5～70	2～10	2～6	1～2	3～20	+80
华星行工业有限公司（扫帚和刷子），2011年11月12日	1987年，第二代，陈俊雄（董事），福建	1～5	5～100	2～10	2～5	0	3～10	+48
瑞泰帆布工业有限公司（帆布），2011年12月10日	1929年，第三代，黄位寅（董事），福建	0.5～1.5	30～50	2～8	1～5	1～4	5～10	+20

资料来源：马来西亚公司注册局（Companies Commission of Malaysia ，SSM）。

五、分析和讨论

表 3 显示，世代之间的家族企业继承人管理差异影响了组织和产品开发。如果创始人将控制权交给第二代或第三代后却退而不休，这种差异就更为明显。[①]

表 3 所涉及的塑料生产的华人企业当中，瑞泰帆布工业有限公司（下文简称瑞泰）是马来西亚历史最悠久的塑料生产业。拿督黄位寅的爷爷黄振道早年从中国漂洋过海来到马来西亚，于 1929 年在吉隆坡安邦路创设瑞泰号，经营洋货和乡下汇兑的小生意，在第二次世界大战后，转营由英荷驻马代理商进口欧洲洋灰、割胶刀、磨石、布匹、皮鞋等批发和零售生意；接着于 1949 年，开始进口英国、德国、荷兰与意大利的塑胶地席和塑胶花布。鉴于西方进口产品价格高涨，瑞泰于 1961—1980 年响应政府“向东学习”政策，转向东方国家或地区，如日本、韩国及中国台湾地区采购，再批发到全国各地。瑞泰业务一飞冲天，身为第二代掌舵人的黄贻樽联合三个儿子，即黄位寅、黄位周及黄位顺在苏丹街设立怡泰贸易公司，代理进口加拿大塑胶地席（Maslino）及经营塑胶皮料，作为手提袋厂、相册厂及文件夹厂的原料加工来源。这项努力也得到了玻璃市州经济发展局（Perlis State Economic Development Corporation）的支持，并在玻璃市州设立了工厂和仓库。

纵向案例访谈显示，与创始人相比较，第二代企业领导虽然热衷于专业化管理和引进新的研发，但他们更厌恶新的风险。[②] 随着第三代的加入，越来越多的家族成员或“表亲联盟”参与企业运作。[③] 为了减少冲突并保持和谐，往往导致延迟制定决策。[④] 表 3 中 11 家塑料生产的华人企业只有 5 家在产品制造的各个方面保留了隐性知识，当中大部分涉及生产塑料家庭用品，有些也创建了值得信赖的东南亚品牌。

其中一个案例显示，明利塑胶工业的王建兴先生于 1978 年加入马来西亚塑

---

① 在第三代经营的家族企业中，瑞泰帆布工业有限公司的创始人仍然是主要决策者。

② 宝益工业发展有限公司的执行长许肯、恒山企业的执行长谢俊雄和华星行工业有限公司的执行长陈俊雄都认为他们会比父辈更关注企业风险的存在。

③ 由第三代经营的马来西亚李发模塑企业和瑞泰帆布工业有限公司有兄弟姐妹表亲参与更多董事会会议。

④ 在马来西亚的双威白沙罗（PJU Damansara）访问马来西亚李发模塑企业的第四代 Carlyn Chen，她现在管理李发的子公司 Clover Design。

胶厂商公会，会员都是塑胶界规模庞大的公司，他从中学习并看到商机。在“人弃我取”的情况下，他从国外引进塑料机械，成功争取到马来西亚政府的水务工程，打入政府与房屋建筑商市场，自此明利塑胶工业的市场版图开始延伸，渐渐扩大，员工也在增加。明利塑胶工业是一家在全球范围内对塑料材料工艺、塑料管道系统生产方面拥有 30 多年经验的家族企业。明利也是马来西亚水管水务工程包括排水管改造领域的专家。第二代接手的时候，明利塑料管道系统得到了马来西亚政府颁发的马来西亚环保标章（SIRIM Eco – Label）和 CE 标志（欧洲共同体）[①]。从家庭到建筑和电子产品，这些都表现了塑胶工业隐性知识的转变。

这些公司在产品系列的变化显示了隐性知识的转变，从而促使年销售额和员工人数有着更高的增长。星光资源、马来西亚佳比塑胶工业有限公司、必多第一、宝益工业发展有限公司和恒山企业等华人家族中小型企业在出口加工区（EPZs）达到了世界级的水平，吸引了无数的技术工人和管理人员推行企业机制。[②] 马来西亚佳比塑胶工业有限公司的创办人、祖籍潮州的吴俊标在 1956 年 17 岁时从中国到马来西亚的一家杂货店工作；1963 年和朋友合资做买卖热带鱼生意；1970 年转行从事鱼池塑胶业；1990 年初把佳比塑胶工业有限公司发展为电子与医疗用品原始设备制造商。

马来西亚华人家族企业的新一代大多数对新市场更加开放，并鼓励家族成员参与企业经营以便改善产品。这些因素促成了年销量的大幅增长[③]，更倾向于资本投资[④]。这 11 家华人家族型企业透过隐性知识转型而生产的新产品，尤其是在塑料注射和高精度塑料工程方面，编纂了企业本身的隐性知识。为此，他们利用从跨国公司吸收到的经验构建了组件的知识，这些产品与第一代产品不同。家族企业的长青因素包括：①重新关注增值和产品品牌；②从代理商转换成跨国企业的供应商。马来西亚华人企业大多依靠跨国公司的项目和订单来改善生产流程。这些华人企业在研发和创新文化方面面对的主要问题是他们需要投入很高的成本

---

① 通过对产品进行 CE 标志，说明该塑料产品符合欧洲委员会（EC）在欧洲经济区设立的标准规格。

② 资料来源于联合国工业发展局（United Nations Industrial Development Organizations ，UNIDO）于 2009 年发布的工业发展年度报告（*Industrial Development Report*）。

③ 明利塑胶工业有限公司、马来西亚李发模塑企业和南成塑胶工业有限公司倾向于鼓励受过良好教育的年轻家庭成员及管理人员发展他们公司的隐性知识，以便开发值得信赖的品牌和新的塑料设计技术。

④ 星光资源、宝益工业发展有限公司和恒山企业倾向于投资新的机器操作，但他们也增加员工的数量使其产品多样化，特别是其核心产品。

去设计新模具，但马来西亚的华人企业往往很难获得政府的研发资金。

华人家族企业与跨国公司合作进入塑料生产的新领域，是导致隐性知识转移的其中一个因素。例如，①必多第一与新加坡的跨国公司合作之后，将该机构从塑料注入转向石油和天然气加注服务提供商；②星光资源建立德力集团（Technic Group Berhad），进入汽车塑料成型领域，以便在东盟自由贸易区（AFTA）[①] 和马来西亚伊斯干达经济特区（Iskandar Malaysia）[②]寻求更多机会；③宝益工业发展有限公司与 Han Shing Industries 共同进行再生能源研发；④恒山企业将公司的结构重组，在马来西亚、泰国和摩洛哥的卡萨布兰卡设立子公司，通过与这些特定国家的跨国公司合作进军半导体行业的塑料包装；⑤马来西亚佳比塑胶工业有限公司依靠专业人员将他们的文化带入多样化，生产各样注塑、医疗设备和快餐一次性用品。佳比塑胶工业有限公司在中国江苏省投资 4 个项目，分别是佳比塑胶制品（南通）有限公司，佳比电子（通州）有限公司，通州汉佳颜料有限公司和南通朋来面粉有限公司，已经有 50 年的企业史。

隐性知识通常通过实践和观察创始人的生产风格进行转移。当下一代成为执行长后，他们将研发引入生产阶段。发展隐性知识是建立在高级职员和专业管理人的经验基础之上。随着企业的复杂性和全球化程度增加，创始人的继承人接受高等教育成为决策者后，采用专业管理，同时重新关注品牌和增值产品以发展出口能力和交易技能。

六、结论

从 20 世纪 30 年代到 21 世纪 10 年代，马来西亚的策略性位置、生产能力和制度变化使许多跨国公司在此建立关键部门。马来西亚成为电子、塑料生产、汽车、机械和音响设备的最大货源地之一。对家族企业史的分析，显示了他们在知识转型方面尤其是在塑料注射和家庭用品生产之间保持着显著的地位。在成立时代，通过实践经验而获得了新生产塑料的知识；同时，政策在生产过程中被整合、内化，并与跨国公司合作得以参与全球供应链。在对马来西亚 11 家华人中小型塑料生产企业的研究当中，可以看到企业的下一代有足够的自主权来履行其

---

① AFTA（东盟自由贸易区），东南亚国家协会的贸易联盟协议。

② IM（马来西亚伊斯干达），为伊斯干达经济特区（IDR），是柔佛州的主要发展走廊。

职责，从改善隐性知识到建立公司声誉和重塑核心产品。新产品和企业的表现都证明了隐性知识的新改变。

过去对家族企业的研究认为，家族成员没有积极参与企业，因此财富延续不会超过三代人，即使是马来西亚华人企业也是如此。① 然而，本文有所不同地捕捉到关键的成功因素。例如，受过良好教育的第二代更喜欢一个更加开放的组织，他们大量参与塑料生产中的塑料注射和精密工程的研发活动，同时鼓励专业管理和产品开发。本文也介绍了跨世代在产品生产上的创新能力，这是马来西亚华人家族中小型企业在塑料生产中持续发展的关键因素，同时建立产品知名度，在国内外市场打造值得信赖的品牌。

此外，扩展创新策略需要创始人为下一代分配自主权，以便使企业更具竞争优势。当世代更替，这些企业的内部因素如目标、组织结构、家庭角色、家谱、产品制造和新企业等发生明显的转变。公共政策的性质也影响了研发的性质和范围。这些马来西亚华人企业大多数是从低微开始，个案研究中显示他们如何从工作室、独家代理商或主要分销商发展到与跨国企业建立供应商关系。公共政策，包括转向出口导向的工业化，可导致组织结构和创新方面的重大变化。

马来西亚华人家族制造业的传承之道有赖于发展企业隐性知识中的新知识，这意味着，企业的显性知识转化为家族企业中各成员的隐性知识。也就是说，知识在企业员工间传播，员工接收了这些新知识后，可以将其推广至家族企业的运行机制，并创造出新的隐性知识。完善企业的运行机制，是通过权力的划分，责任的明确，利益的调整，使企业内部的责、权、利有机地统一起来。本文着重塑胶业，因为它在马来西亚制造业占了最大的份额，而且现在仍被视为经济成长的领域。然而，这个产业面临不同的问题，包括研究与开发、组织和管理结构，以及产品开发。通过不同华人家族塑胶业的比较，本文引出重要的观点，即提高创新能把隐性知识具体化，形成家喻户晓的东南亚品牌。

在塑料生产行业中，创始人的隐性知识商业化是马来西亚华人家族企业扩张

---

① 有关家族企业的研究请参阅 Ward, J., *Keeping the Family Business Healthy: How to Plan for Continuing Growth, Profitability and Family Leadership*, Jossey - Bass, 1987; Gersick, K. E., Davis, J. A., Hampton, M. M. and Lansberg, I., *Generation to Generation: Life Cycles of the Family Business*, Harvard Business School Press, 1997。有关马来西亚的个案，请参阅 Gomez, E. T., Family Firms, Generational Change and Identity Formation: The Chinese in Britain and Malaysia, *East Asia: An International Quarterly*, 2007, 24 (2), pp. 153 - 72.

的核心因素。生产过程的改进或产品种类的增加是关键因素，虽然创始人同样拥有这些特点，但是在第二代和第三代管控该机构时为这些关键因素赋予了新的动力。隐性知识传承不等于一切照搬父辈的模式，在接受知识的同时还要学会不断地创造知识。综上所述，马来西亚华人企业要想在竞争的环境中求生存、求发展，就必须不断地创造新的知识。华人家族企业在马来西亚经商最不能缺少的是人脉，因为没有人能独战商业战场，也不能独享成果。工商界讲求配合，不管是政府部门、供应商、银行界还是同业等，都要保持密切的关系，共享资源和成果，才是确保业务永续发展的钥匙。

Creation of New Tacit Knowledge: Innovation Capacity and Enterprise Development in Malaysia Chinese Manufacturing Sector

Lee Kean Yew

Abstract: Southeast Asia with its historical concentration of ethnic Chinese remains an important economic hub encouraging cross-disciplinary inquiries on themes relating to businesses, R&D, niche products, enterprise development and innovation. To date, there has been little empirical research on the capacity of Malaysian Chinese family small-and-medium-scale enterprises (SMEs) relating to the tacit knowledge innovation. In industrializing Malaysia, where Chinese family as a main core identity in the business is undergoing a shift in the organization administration, there is still a little research on their capacity to codify the implicit knowledge of the founding generation mostly inherited from China, before starting a business in Malaysia. This assessment of 11 Malaysian Chinese family SMEs in the plastic manufacturing sector evaluates how a new generation has innovated their products more openness by using business history and longitudinal case studies. Interestingly, tacit knowledge may enable these Malaysian Chinese SMEs to innovate by building on more reliable knowledge and resources, extensively validated over time, and hence reduce utilization costs and promoting competitive advantage. The well-trained of 2nd and 3rd generations has been innovated the implicit knowledge to elicit strong and positive feelings on "familiness" concept, increasing the value of new products through R&D by embedding past knowledge and facilitating the legitimacy of innovative functionalities and the likelihood of obtaining market acceptance from their niche products.

Key Words: Chinese family SMEs, Malaysia, tacit knowledge, tnnovation, development

美国华侨司徒美堂的活动与生平考

[加] 石晓宁*

【摘　要】司徒美堂为 20 世纪 30—40 年代北美洪门致公堂、安良堂的领袖人物，他领导了美洲洪门致公堂由堂改党的重要历史事件，成为中国洪门致公党、中国洪门民治党的创始人之一，还于 1949 年 9 月以华侨代表身份出席了第一届中国人民政治协商会议。目前对于司徒氏的研究，史证不足，其某些阶段的人生经历，与中国致公党、中国洪门民治党的关系不够清晰。本文对中英文相关资料进行发掘，试着初步钩沉出司徒氏从 20 世纪 10 年代后的踪迹，以完善其生平之研究，希望对北美华侨史、中国政党史的研究做一些补充。

【关键词】司徒美堂；美洲；洪门致公堂；安良堂；洪门民治党；致公党

* 作者简介：石晓宁，文学博士，加拿大约克大学语言、文学与语言学系合约教授（Email：xnshi@yorku. ca），主要研究方向为加拿大华侨华人史。

对美国华侨司徒美堂（Szeto Mee-tong、Seto Mee Tong、Seto May Tong，1868—1955）的生平，目前多以其自传与同时代人回忆录为主，多有舛误。本文基于海内外档案、北美华英报章、著作，对司徒美堂的生平做新的探究。[①]

司徒美堂自传1950年连载于《光明日报》的《侨美七十年生活回忆录：我痛恨美帝》（以下简称1950版），1951年光明日报社刊行了单行本《我痛恨美帝》（以下简称1951版），新增了内容。1988年，北京市政协与广东省政协刊行的《回忆司徒美堂老人》中有《旅居美国七十年》一文（以下简称1988版），基本照搬1951版。本文以此三版作为主要的援引文字。[②]

一、20世纪10年代前后的司徒美堂在洪门致公堂与安良堂的身份

司徒美堂自述1880年来美。查美国纽约1930年人口普查记录，司徒美堂63岁，即生于1867年，来美时间为1882年，与自传稍有出入。1950版言其1905年开始为美国的中国团体服务，并为波士顿和纽约安良堂的创始人，[③] 1951版增加了他曾与孙中山见面的经历。以上说法有质疑处。

其一，司徒美堂是否是纽约、波士顿安良堂（安良工商会，On Leong Tong or Chinese Merchants Association）创始人？就纽约而言，安良堂1893年由有“唐人街市长”之称的李希龄（Tom Lee，1849—1918）创办。其时美东1899、1909、1912年三次发生堂斗，均由李希龄调停，其后任为李智民。20世纪10年

---

① Herbert Asbury, *the Gangs of New York*, Knopf, 1990; Eng Ying and Grant, Bruce, *Tong war*, Nicholas L. Brown, 1930; Scott Seligman, *Tong Wars: The Untold Story of Vice, Money, and Murder in New York's Chinatown*, Viking, an imprint of Penguin Random House LLC., 2016.

② 司徒美堂口述，司徒丙鹤笔录：《侨美七十年生活回忆录：我痛恨美帝》首发于《光明日报》，本文采用香港《大公报》从1950年12月3日起转载的版本。司徒美堂：《我痛恨美帝》，光明日报总管理处，1951年。司徒美堂：《祖国与华侨》（全二册），（香港）文汇报，1956年。司徒美堂：《旅居美国七十年》《我的生活经历》，北京市政协文史资料研究委员会、广东省政协文史资料研究委员会：《回忆司徒美堂老人》（以下注中简称《回忆司徒美堂老人》），中国文史出版社，1988年。

③ 《美国人口普查——1930年家庭历史纪录》（*United States Census, 1930 - Family Search Historical Records*），家族寻根网站（Family Search），http://www.familysearch.org/ark:/61903/1:1:X4K4-644，2019年12月9日；司徒美堂：《旅居美国七十年》《我的生活经历》，《回忆司徒美堂老人》，中国文史出版社，1988年，第9、11、60-61页；（香港）《大公报》，1950年12月8日第2版。

代纽约洪门致公堂金兰堂堂长为吴赖光。①

波士顿安良堂 20 世纪 10—20 年代的堂长为梅宗炯（Moy Dow）。孙中山 1909 年访问波士顿，曾从梅宗炯处得到捐助。英文报章、加拿大华人洪门致公堂机关报《大汉公报》多次出现有关梅为波士顿安良堂、洪门致公堂堂长的报道。② 因此司徒美堂为纽约、波士顿安良堂创始人之说不成立。

1915 年，《大汉公报》报道波士顿中华公所邀民国财政部特派员来劝购公债演讲，遭到国民党人大闹。“司徒美堂君愤不可遏，乃以老拳向之当头一击，彼方抱头鼠窜而遁。”司徒美堂自述早年在唐人街：“我是热血沸腾，腰间常常暗藏着两支手枪，来跟敌方的暗杀者‘驳枪’决斗。”这样的叙写，貌似为组织中层级较低者，而非“总理”。③

其二，司徒美堂有没有与孙中山见面？1950 版没有提与孙中山见面事。1951 版提到了“我同孙先生见面是在波士顿，那时我们都 30 多岁”，“我们同住了 5 个月”。查《国父年谱》，孙中山与司徒相差两岁，两人同是 30 多岁时，孙有两段时间在美：一段是 1896 年，孙在美东只在纽约停留过，故见面不会是此时；另一段是 1904 年 4 月 28 日至 12 月 14 日孙再度访美，则较有可能。时孙 38 岁，司徒 36 岁。孙 5 月由金门致公总堂堂长黄三德伴游全美，10 月到纽约、波士顿等美东各埠，④ 未停留 5 个月。1909—1910 年孙中山第三次到美国，在纽

① Arthur Bonner, *Alas! What Brought Thee Hither?: The Chinese in New York 1880 – 1950*, Associated University Presses, Inc., 1997, pp. 135 – 158.《少年中国晨报》，1911 年 4 月 5 日第 3 版。*The New York Times*, Sept. 27, 1925, p. 8.《大汉公报》，1915 年 5 月 12 日第 3 版；1920 年 12 月 1 日第 3 版；1925 年 9 月 10 日第 2 版，10 月 9 日第 3 版。《中西日报》，1925 年 9 月 22 日第 2 版。Scott Seligman, *Tong Wars: The Untold Story of Vice, Money, and Murder in New York's Chinatown*, p. 233. 其中提到了司徒美堂曾经在 1925 年 8 月底停战的协议上签字，但是查报纸原文，其中提到的名字是邀底特律的 So Ho Soon 来纽约，So Ho Soon 是否是司徒美堂尚无可证，但未记签字一事。*The New York Times*, Aug. 28, 1925, p. 5; Sept. 9, 1925, p. 27.

② 冯自由：《华侨革命开国史》，商务印书馆，1952 年，第 65 页。冯说被广为引用，如刘伯骥：《美国华侨史》，台湾“行政院侨务委员会”，1976 年，第 455 页；陈锡祺：《孙中山年谱长编》，中华书局，1991 年，第 320 页。《太阳与纽约先锋报》（*The Sun and New York Herald*），Apr. 7, 1920, p. 22.；《波士顿环球晚报》（*Boston Evening Globe*），Jul. 20, 1920, p. 3. 英语梅姓的写法为 Moy，在台山开平一带“宗”的发音为 Dow，故英文报纸记之以 Moy Dow。

③ 《大汉公报》，1915 年 6 月 17 日、23 日，第 3 版。司徒美堂：《旅居美国七十年》，《回忆司徒美堂老人》，中国文史出版社，1988 年，第 9 页。

④ （香港）《大公报》，1950 年 12 月 6 日第 2 版。司徒美堂：《祖国与华侨》（下册），（香港）文汇报，1956 年，第 172 页。司徒美堂：《我痛恨美帝》，光明日报总管理处，1951 年，第 11 页。司徒美堂：《旅居美国七十年》，《回忆司徒美堂老人》，中国文史出版社，1988 年，第 9 页。刘伟森：《全美党史》，海宇文化实业有限公司，2004 年，第 50 – 54、72 页。黄三德：《洪门革命史》，出版信息不详，第 4 – 10 页。

约、波士顿、芝加哥等地建立同盟会，1911 年 4 月，孙中山在加拿大筹款后第四次赴纽约，受到纽约洪门致公堂及各堂欢迎，此二次皆无司徒美堂的记录。1947 年前后，戴魏光所著《洪门史》书中引用了梅宗炯捐助之事，司徒美堂为该书亲笔题写了“洪门圭臬”四字，如果有见面事，书中无论如何也不会漏记。[①]

其三，司徒美堂是否建议孙中山将加拿大洪门楼产抵押以支持辛亥革命？1950 版中未记。1951 版提到黄花岗一役前，司徒向孙中山“提议将加拿大的多伦多、温哥华、维多利亚三地的四所致公堂大楼典押出去”。加拿大洪门致公堂为革命抵押堂产的义举已有定论，与司徒美堂无关。[②]

其四，1951 版提到 1911 年辛亥革命成功，孙中山急于回国，司徒言“450 元路费是我和阮本万、李圣策[③]等安良堂的人拼凑的”。如果算上此次，1951 版记司徒美堂与孙已经见了三次面。而孙中山此次行程有许多亲历者的回忆。如赵昱记他在纽约与孙中山“同寓数天”，孙中山“随即携朱卓文经欧洲归国”，无人提到司徒美堂。[④]

从 1917—1919 年华人报刊可见，司徒美堂早年经历集中在底特律：曾任底特律国民党分部政事科主任，曾为肇庆会馆义捐，是中国影画公司三个创办人之一，以及义合号店东。[⑤] 在波士顿、底特律洪门致公堂内，梅宗炯为正盟长，司

---

① 刘伯骥：《美国华侨史》，台湾“行政院侨务委员会”，1976 年，第 454 – 457 页。刘伟森：《全美党史》，海宇文化实业有限公司，2004 年，第 88 页。冯自由：《华侨革命开国史》，商务印书馆，1952 年，第 65 页。梅斌林：《孙中山在芝加哥和底特律》，中国人民政治协商会议广东省委员会文史资料研究委员会、中山大学历史系孙中山研究室合编：《广东文史资料》第二十五辑《孙中山史料专辑》，广东人民出版社，1979 年，第 114 页。《少年中国晨报》，1911 年 3 月 28 日第 6 版；4 月 5、7 日，第 2 版。戴魏光：《洪门史》［出版信息不详，作者例言落款有中华民国三十六年（1947）五月］，第 165 页。《少年中国晨报》，1911 年 4 月 5 日第 3 版。

② 司徒美堂：《我痛恨美帝》，光明日报总管理处，1951 年，第 12 页。司徒美堂：《旅居美国七十年》，《回忆司徒美堂老人》，中国文史出版社，1988 年，第 9 页，薛启亮：《中国民主党派史丛书 · 中国致公党卷》，河北人民出版社，2001 年，图片说明。冯自由：《革命逸史》（上卷），新星出版社，2009 年，第 168 – 174 页。黄三德：《洪门革命史》，第 16 页。石晓宁：《从革命到建设：辛亥革命前后海外华人政治心态的蜕变——以〈大汉公报〉及崔通约为例》，《社会科学辑刊》2014 年第 6 期。

③ 二人皆时为纽约安良堂堂主。

④ 司徒美堂：《我痛恨美帝》，光明日报总管理处，1951 年，第 12 页。司徒美堂：《旅居美国七十年》，《回忆司徒美堂老人》，中国文史出版社，1988 年，第 10 页。刘伟森：《全美党史》，海宇文化实业有限公司，2004 年，第 150 页。吴相湘：《孙逸仙先生传》（增编版），远东图书公司，1984 年，第 982 页。赵昱：《辛亥革命与海外洪门》，中国人民政协会议全国委员会文史资料研究委员会：《辛亥革命回忆录》（第六集），中华书局，1963 年，第 80 页。

⑤ 《少年中国晨报》，1917 年 1 月 30 日第 3 版；10 月 22 日第 9 版；11 月 20 日、29 日，12 月 24 日；1918 年 1 月 23 日、6 月 12 日，第 3 版。

徒美堂为副盟长。1918 年，旧金山美洲洪门第一届恳亲大会召开，收到“积彩洪门司徒美堂君贺电”。1919 年巴黎和会期间，“积彩埠安良工商会领袖”司徒美堂给密西根大学捐款声援。①

二、20 世纪 20 年代的司徒美堂与中国致公党创始人问题

司徒美堂是否为中国致公党的创始人？1949 年司徒美堂回国，中国致公党开会欢迎，他提到了美洲“早在二百数十年前，即有致公堂的组织，后来才改为致公党，各埠华侨参加者为数颇多，美堂本人为堂务与党务奔走，追随国内革命先进之后”，没有提到自己为致公党创始人。1950 版、1951 版、1956 年的陈其瑗《司徒美堂先生生平事略》中均未提及。1988 年，伍觉天称司徒美堂为“中国致公党的创始人之一，而且长期担任致公党美洲总部主席”，1923 年在加拿大维多利亚举行的“世界洪门恳亲大会”上力主改致公堂为致公党。②

美洲洪门致公堂改堂组党有历史渊源。中华民国建立前，洪门筹饷支持革命，民国元年后却与孙中山围绕建设共和还是继续革命的主张产生分歧。至 1921 年孙中山建立广东军政府，南北对峙，美洲洪门致公堂又反对其以俄为师、提倡阶级革命、以党治国的主张。从国内看，其时不满民国以来政局背离共和、民治的轨道，知识界不乏组党行动。1923 年新中国党、青年党秘密成立。③ 在这样的背景下，美洲金山洪门致公总堂也同样有组党的动机。

1922 年，陈炯明兴兵发难得到了美洲洪门的支持，黄三德等人有邀陈炯明共同组党的动议。1923 年，由美洲金山致公总堂召集五洲洪门恳亲大会，海内

① 《大汉公报》1918 年 1 月 23 日、4 月 5 日、6 月 8 日，第 3 版；4 月 5 日第 2 版；6 月 8 日、20 日；1919 年 3 月 24 日第 3 版。《波士顿先驱者周六报》（*Boston Herald Saturday*）报道美国中国商会在波士顿开会，来自底特律、纽约和费城代表抗议巴黎和会割让山东的议题。其中提到的 Soo Hoo Soon，或为司徒美堂（因其字为“羡恩”），《波士顿先驱者周六报》，1919 年 10 月 11 日第 11 版。《中西日报》，1919 年 5 月 27 日第 3 版。

② 《美洲华侨日报》，1949 年 9 月 20 日第 7 版。陈其瑗：《司徒美堂先生生平事略》，《祖国与华侨》（全二册）下册，（香港）文汇报，1956 年，第 175 页。伍觉天：《司徒美堂与中国致公党》，《回忆司徒美堂老人》，中国文史出版社，1988 年，第 163 页。1923 年在三藩市举行的是第三届五洲洪门恳亲大会，并非“世界洪门恳亲大会”，参见《大汉公报》，1923 年 10 月 15 日，第 2 页；中国致公党中央研究室编：《司徒美堂》，中国致公出版社，2001 年，第 381 页。

③ 参见石晓宁：《从革命到建设：辛亥革命前后海外华人政治心态的蜕变——以〈大汉公报〉及崔通约为例》，《社会科学辑刊》2014 年第 6 期，第 159 - 167 页。沈云龙辑：《曾慕韩（琦）先生日记选》，《近代中国史料丛刊》第二辑，文海出版社，1966—1987 年，第 54、59、75 - 79 页。

外代表一致酝酿组党，派赵昱到上海兴建洪门五祖祠，欲回国发展。此次大会美东由梅宗炯作为代表，司徒美堂没有出席，更遑论其力主建党之举了。①

1925年，陈炯明派陈应权来美洲商议组党，纽约致公堂主席邓佑章、盟长彭崇曾开会欢迎，司徒美堂在会上发言，赞同组党。陈随后到旧金山洪门致公总堂，于8月20日成立了驻美金山中国致公党委员会总会。10月10日，驻美金山中国致公党总部开幕，为后来的中国致公党官方成立日。其时华人报纸报道并登载了与会者名单，名单上也未有司徒美堂之名。② 故称司徒美堂为中国致公党的创始人之一没有根据。

1925年的组党问题，美洲洪门内部有分派矛盾。在上海建洪门五祖祠的赵昱、代表国内洪门致公总堂拥立亲国民党的唐绍仪与拥立陈炯明的旧金山致公堂各有怀抱。故当年美洲金山堂组建中国致公党，美东以及大多数加拿大各地致公堂依旧保持堂号。1930年，中国致公党曾明确说明："民国十四年，金门致公堂召集恳亲会，议决改组政党，……不图中间竟有一二不自量力、怀狭私图从中为梗，以致各埠公堂各怀观望，至今未能一致，……"③

司徒美堂虽然没有参与20世纪20年代的组党活动，但在纽约洪门致公堂与安良堂内的地位是逐渐上升的。如1920年4月梅宗炯于纽约召集安良堂举行抵制日货大会，司徒美堂为会议主席等。④

三、20世纪30年代之后司徒美堂跃居美洲洪门致公堂的领导地位

1928年，国民党北伐成功，其行一党治国之制遭国内外反对。20世纪30年

---

① 《大汉公报》，1916年7月4日第1版；1917年4月13日第3版；1922年4月18—22日第3版；1923年10月5、11、13、15、16、17、18、19、20日，第1版；10月12日第2版。黄三德：《洪门革命史》，第37-55页。简建平：《中国洪门在加拿大》，中国洪门民治党驻加拿大总支部，1989年，第50页。《五洲洪门第三次恳亲大会代表团修订联络根本章程》，加拿大哥伦比亚大学图书馆网站，https://open.library.ubc.ca/collections/chung/chungtext/items/1.0132415，2020年2月1日。

② 《大汉公报》，1925年8月19日第3版；9月2—3日，第1、2版；9月17日第2版。《华字日报》1925年11月18、19日，第3、6版；12月12日第10版。《中西日报》，1925年10月12日第3版。

③ 《华字日报》，1926年1月5日第2张，第2页。陈定炎：《陈竟存（炯明）先生年谱》，李敖出版社，1995年，第919页。《大汉公报》，1925年10月9日、11月7日，第2版；10月12、14日，第1版。《中国国民党处理各界建议事项案（一）》，《中国国民党中央执行委员会秘书处函国民政府文官处为奉交中央宣传部转请制止致公堂在香港活动一案函请查照转陈》，台湾"国史馆"，全宗号：001，数位典藏号：001-014006-00001-014，1930年9月17日。

④ 《太阳与纽约先锋报》（*The Sun and New York Herald*），Apr. 7，1920，p. 22；《大汉公报》，1920年6月25日第3版；《中西日报》，1919年5月27日第3版。

代初期，青年党、中国国家社会党公开成立，反对一党专制。美洲的洪门致公堂由于1925年改堂为党并未成功，此时组党的诉求再次出现。1930年，纽约南北美洲洪门大会召开，议决反对一党专制，一年内在香港或上海举行五洲洪门大会，拟定改党及党魁问题。纽约致公堂地位上升，为南北美洲洪门总部，司徒美堂为大会筹备处主任、大会主席。①（见图1）

南北美洲洪門總部

1930年紐約致公總堂召開南北美洲洪門懇親大會，並成立了「南北美洲洪門總部」。名單列出出席代表38位，除墨西哥外，其他南美洲分堂，均由所屬總分堂代表。司徒美堂為大會主席。

图1　1930年6月1日，纽约南北美洲洪门大会召开，坚持悬挂五色旗。司徒美堂（二排左六，左七为金山堂伍梓南，左五为加拿大堂曹懋森）开始居于洪门致公堂重要位置（纽约中华公所伍锐贤先生收藏）

---

① 简建平：《中国洪门在加拿大》，中国洪门民治党驻加拿大总支部，1989年，第70－71页。《大汉公报》，1926年11月1日第2版；1927年4月12日第2版，8月6日第1版；1929年4月9、10日，8月16日，第1版；1930年3月25日，6月11、13、14日，11月15、19日，第3版，5月16日、6月2日、12月13日，第1版，7月30日第7版；1931年2月4、5日，5月26日，第1版。

按照纽约大会的议决，1931年五洲致公团体恳亲大会、五洲致公团体各区代表联合会在香港召开，参会者所属既有党，又有堂。是否组党，各方意见分歧，最终达成“组党存堂”的《公约》，“致公党、致公堂双方根据组党存堂原则任听自由结合组织”。这两次大会，成为“堂党分途”的转折点，致公党与洪门致公堂自此门户各立。① 会后，海内外致公堂在香港召开了“五洲致公堂代表大会”，议决于香港成立中国致公堂总干部。此次大会司徒美堂地位再度上升，被选为监察部总监。②

1937年抗战全面爆发，出于一致抗战的考虑，海内外各党派决定拥护国民政府。1939年6月，墨京全美洪门大会召开，“形成了全美洲华侨团结抗日救国的局面”。全美洲洪门总干部于纽约成立，纽约洪门吕超然为总干部部长，司徒美堂为监督，再次确立了司徒美堂成为全美洲洪门致公堂核心人物之一。③ 洪门组党又一次停顿。

20世纪30年代，司徒美堂与中共衣馆联合会“公共合作”（致公堂和共产党）。1934年至1936年，蔡廷锴、陶行知、陆璀赴美，得到司徒美堂的接待。司徒美堂也参加了“七君子”事件的声援。1932年“一·二八”事变后，司徒美堂亲带侨捐物资赴上海慰问十九路军。1937年，司徒美堂发起“旅美华侨抗日救国筹饷总会”。④

---

① 王起鹍：《海外洪门与中国致公党》，中国致公出版社，2017年，第90、95页。参见陈昌福：《“亦合、亦分”；“亦堂亦党”》，《上海市社会主义学院学报》2014年第6期，第26页。《大汉公报》，1933年12月15日第1版，1934年9月4日第3版。陈民：《中国致公党》，文史资料出版社，1981年，第18页。伍觉天：《司徒美堂与中国致公党》，《回忆司徒美堂老人》，中国文史出版社，1988年，第165页。

② 王起鹍：《海外洪门与中国致公党》，中国致公出版社，2017年，第90-95页。王起鹍：《浅述中国致公党“二大”与致公团体恳亲大会史实》，http://www.hmyzg.com/2014-wqk/2015-04/2015-zgd2.htm，2019年12月5日。《大汉公报》，1931年10月15日第1、2版；1932年8月16日第5版；7月4、10、28日，9月10日，10月3日，12月23日，第3版。

③ 《大汉公报》，1937年11月23、24日，第1版；11月24日第2版；1939年7月3、4、10日，11月3日，第3版；7月12日、9月26日、10月21日，第1版；11月6日第2版。

④ 唐明照的《我所知道的司徒美堂》书中“致公堂的《纽约公报》”有误，应为《五洲公报》；司徒美堂：《旅居美国七十年》，陶城：《记先父陶行知与司徒美堂的友谊》，陆璀：《支持抗日救亡运动的司徒美堂先生》，张兴汉：《司徒美堂先生在抗战中》，司徒柱：《忆先父司徒美堂》，连贯：《追求进步向往光明的司徒美堂老人》，《回忆司徒美堂老人》，中国文史出版社，1988年，第32、34、124、147、160-161、174-176、179、189、224-225页。《中西日报》，1934年11月4、10日，第2版；1932年2月12、14日，第4版。蔡廷锴：《蔡廷锴自传》，黑龙江人民出版社，1982年，第347、354、366、371、385页。

四、20 世纪 40 年代的司徒美堂与两次洪门致公堂的改堂组党

1941 年，司徒美堂被委任为行政院参议，11 月，以国府行政院参议、全美洲致公堂总干部总监督、历任安良工商会会长的身份抵港。时逢香港沦陷，司徒美堂在中共地下党人的护送下到达重庆，面见蒋介石，以 75 岁高龄赢得爱国华侨声誉。司徒美堂又与周恩来等人会晤。1942—1945 年司徒美堂为第三、四届国民参政会海外侨民参政员，还兴办了华侨兴业银行。1943 年，他以国民参政员的身份回美洲，宣慰各埠。①

1945 年，抗战胜利在望，美洲洪门回国参政、创建中国洪门致公党的倡议被再次提出。1 月，司徒美堂致函蒋中正"拟请予海外洪门老革命团体数参政席位"。3 月，纽约全美洲洪门恳亲大会开幕，"乃思组华侨政党"，全美 9 国代表议决，将全美洲各致公堂一律改名为"中国洪门致公党"。司徒美堂任党内全美中部主席，党驻美洲总部暂设于纽约。司徒美堂代表大会分电国共双方呼吁停止党争，并愿以"第三者地位调停国共，共谋团结"，希望召开国民大会，从速制宪，实现真正民主。②

1945 年抗战胜利，8 月，司徒美堂发电蒋中正恭贺抗战胜利，他以中国洪门致公党驻美洲总部主席的身份明确提出"提高民族复兴，尤望早日施行宪政，实现民主政治，奠定万世不拔之基"。11 月，司徒美堂又以中国洪门致公党驻美洲

---

① 《大汉公报》，1941 年 8 月 28 日第 2 版；（香港）《大公报》，1941 年 11 月 21、22、27、29 日，第 6 版。《中西日报》，1942 年 1 月 14 日第 7 版。连贯：《追求进步向往光明的司徒美堂老人》，司徒柱：《忆先父司徒美堂》，荆有岩：《司徒美堂先生和华侨兴业银行》，张兴汉：《司徒美堂先生在抗战中》，《回忆司徒美堂老人》，中国文史出版社，1988 年，第 144－145、123－128、147、211、229、230 页。（香港）《大公报》，1941 年 12 月 2 日第 6 版。《大汉公报》，1945 年 3 月 24 日第 3 版。《中西日报》，1942 年 6 月 3 日第 6 版。四川大学马列教研室编：《国民参政会资料》，四川人民出版社，1984 年，第 73、83 页。

② 《第四届国民参政员推荐（三）》，1945 年 1 月 20 日，台湾"国史馆"数位典藏，全宗号：001，数位典藏号：第 001－011132－00005－014 号。《中西日报》，1945 年 6 月 13 日第 4 版。张兴汉：《司徒美堂先生在抗战中》，《回忆司徒美堂老人》，中国文史出版社，1988 年，第 230 页；简建平：《中国洪门在加拿大》，中国洪门民治党驻加拿大总支部，1989 年，第 73、76 页。《大汉公报》，1945 年 3 月 10、28 日，第 1 版；3 月 15、24 日，第 3 版；1989 年 10 月 14 日第 1 版。陈民：《中国致公党》，文史资料出版社，1981 年，第 10 页。重毅：《中国各党派全貌》（增订本），文化出版社，1946 年，第 1 页。《胜利受降（一）》，1945 年 8 月 22 日，台湾"国史馆"数位典藏，全宗号：002，数位典藏号：第 002－090105－00012－017 号；台湾"国史馆"数位典藏，全宗号：001，数位典藏号：第 001－014310－00002－000 号。

总部的名义，电“呈国民政府请准许本党派代表九名参加筹备国民大会”①。

1946 年 1 月，国民政府举行政治协商会议，承诺召开制宪国民大会。1946 年 4 月，司徒美堂率领中国洪门致公党抵沪，希望联合海内外洪门团体国内组党。由于意见分歧，组党过程并不顺利。至 8 月 21 日，司徒美堂遂与部分洪门人议决成立政党，名为“中国洪门民治党”。党之三常委为司徒美堂、赵昱、朱家兆，张书城为秘书长。9 月 1 日于上海康乐酒家招待中外记者。司徒美堂声称定党名为“中国洪门民治党”，简称“民治党”。“由国内外致公堂致公党及海外洪门团体联合组成”。主张采取民主政党之作风，公正无私地从事政党活动，促进中华民国走上民有民治民享之坦途。美洲洪门致公堂，实现了组成一支海外华侨政党的夙愿。②

组党后，司徒美堂等即赴南京活动，争取获得制宪国民大会的党派资格。国民党中央党部秘书长吴铁城批示“暂从缓议”，洪门民治党终未得名额。③ 国民政府又因司徒美堂另立党派，拒付其 1943 年宣慰美洲的劳务补偿。民治党参政不成，但国民大会给司徒美堂个人国大代表一席，以及特别费美金 3 000 元，引得司徒美堂抗议，并拒绝接受。④

中国洪门民治党组党前后内部不一。1947 年 9 月，全美洲第二届洪门民治党恳亲大会在古巴开幕，没有提到司徒美堂之名。9 月 13 日，司徒美堂在上海登

---

① 《胜利受降（一）》，1945 年 8 月 22 日，台湾“国史馆”数位典藏，全宗号：002，数位典藏号：第 002 -090105 -00012 -017 号；《国民大会侨民代表选举案（三）》，1945 年 11 月 8 日，全宗号：001，数位典藏号：第 001 -011142 -00016 -017 号。

② 司徒丙鹤：《司徒美堂与美洲洪门致公堂》，《回忆司徒美堂老人》，中国文史出版社，1988 年，第 72、75、80 -81 页。《中国党派》，中联出版社，1948 年，目录。《申报》，1946 年 6 月 21、22 日，第 4 版。《针报》1946 年第 56 期，第 9 页。《民治周刊》第一期，1946 年 11 月 15 日第 2 版。简建平：《中国洪门在加拿大》，中国洪门民治党驻加拿大总支部，1989 年，第 75 -76 页。《大汉公报》，1946 年 9 月 6、28 日，10 月 7、8 日，11 月 15、16 日，第 2 版；4 月 13 日，第 1 版；4 月 12 日、10 月 19 日，第 3 版。《新闻报》，1946 年 11 月 15 日第 1 版。重毅：《中国各党派全貌》（增订本），文化出版社，1946 年，第 1、71 -78 页。

③ 《事略稿本——民国三十六年七月》，1947 年 7 月 9 日，台湾“国史馆”数位典藏，全宗号：002，数位典藏号：第 002 -060100 -00226 -009 号；《国民大会代表名额分配（五）》，1946 年 9 月 11 日，全宗号：001，数位典藏号：第 001 -011142 -00069 -007 号；《国大情报合订本（三）》，1946 年 12 月 3 日，全宗号：008，数位典藏号：第 008 -010507 -00023 -004 号。

④ 《申报》，1946 年 9 月 26 日第 2 版；10 月 24 日，11 月 21 日，第 1 版。《侨声报》，1946 年 11 月 15 日第 1 版。《针报》1946 年第 56 期，第 9 页。《快活林》1946 年第 19 期，第 2 页。司徒丙鹤：《司徒美堂与美洲洪门致公堂》，《回忆司徒美堂老人》，中国文史出版社，1988 年，第 77、83 页。《大汉公报》，1949 年 11 月 7 日第 1 版。《国际新闻画报》，1946 年，第 2 页。

报声明退党，[①] 12 月到香港。1948 年 4 月，国民大会选举蒋介石为中华民国总统，李宗仁为副总统，司徒美堂发出贺电。而与中共的联系，早在 1946 年司徒美堂归国组党时就开始。司徒美堂到港后，与中共南方局地下党频繁接触。[②]

1948 年 4 月，中共中央发布“纪念五一国际劳动节口号”，号召召开新的政治协商会议。“经过了一番思想斗争之后”，司徒美堂认为“中间道路走不通”。8 月，司徒美堂举行记者招待会，表示“本人即将返美参加洪门大会，讨论国内形势，提出政治主张，以贯彻洪门革命目标”。10 月回美前，中共公开为其送行，司徒美堂也亲书了《上毛主席致敬书》。10 月 30 日，香港报刊发表了司徒氏的《拥护中国共产党“召开新政治协商会议”的声明》。[③]

1948 年 10 月，司徒美堂回美。从 1947—1948 年纽约洪门民治党驻美总支部记录看，皆无司徒美堂踪迹。1949 年 8 月第一届中国人民政治协商会议开幕前，司徒美堂应邀回国，并在《美洲华侨日报》上登出《致美洲全体洪门人士书》，就美洲洪门对其种种发难自我辩护。[④] 9 月 4 日，司徒美堂到达北京，21 日以华侨代表身份出席了中国人民政治协商会议，当选为全国政协委员、中华人民共和国中央人民政府委员会委员。

政协会议开幕前，中国洪门民治党国内总部自行解散，但是全美洲中国洪门民治党继续在海外活动。1949 年 11 月，温哥华的全加洪门民治党第十四届恳亲

---

① 《大汉公报》，1947 年 9 月 8 日至 10 月 16 日，第 2 版。（上海）《中央日报》，1947 年 9 月 13 日第 2 版。（天津）《大公报》1947 年第 2 版，第 1 张。《申报》，1947 年 9 月 20 日第 5 版。《新闻报》，1947 年 9 月 13 日第 2 版。《小日报》，1947 年 11 月 16 日第 1 版。（上海）《益世报》，1947 年 9 月 13 日第 1 版。《前线日报》，1947 年 9 月 13 日第 4 版。《沙漠周报》，1947 年第 10 期，第 2 页。《海棠》1947 年第 7 期，第 16 页。《新上海》1947 年第 70 期，第 5 页。司徒丙鹤：《司徒美堂与美洲洪门致公堂》，《回忆司徒美堂老人》，中国文史出版社，1988 年，第 78－84 页；王起鹍：《海外洪门与中国致公党》，中国致公出版社，2017 年，第 246 页。

② 《实施宪政（二）》，1948 年 5 月 19 日，台湾“国史馆”数位典藏，全宗号：002，数位典藏号：第 002－090102－00008－279 号。连贯：《追求进步向往光明的司徒美堂老人》，《回忆司徒美堂老人》，中国文史出版社，1988 年，第 148 页。

③ （香港）《大公报》1948 年 8 月 8、18 日，第 4 版。《华侨日报》，1948 年 8 月 13 日、10 月 26 日，第 4 版。《香港工商日报》，1948 年 8 月 8、13 日，第 5、6 版；10 月 20、27 日，第 6、4 版。司徒丙鹤：《司徒美堂与美洲洪门致公堂》，连贯：《追求进步向往光明的司徒美堂老人》，伍觉天：《司徒美堂与中国致公党》，《回忆司徒美堂老人》，中国文史出版社，1988 年，第 84－85、95、144－152、165 页。陈民：《中国致公党》，文史资料出版社，1981 年，第 18 页。

④ 《大汉公报》，1947 年 9 月 8 日第 2 版，9 月 9 日第 3 版；1948 年 10 月 28 日第 3 版。司徒丙鹤：《司徒美堂与美洲洪门致公堂》，唐明照：《我所知道的司徒美堂》，《回忆司徒美堂老人》，中国文史出版社，1988 年，第 93、161 页。《美洲华侨日报》，1949 年 9 月 1 日第 2 版，1949 年 9 月 20 日第 7 版。

大会，代中国洪门民治党中央党部发出题为“声讨洪奸司徒美堂赵昱等”檄文，称之以“洪奸”。①

1954 年，司徒美堂出席了第一届全国人民代表大会，当选为常务委员会委员，任第二届全国政治协商会议政协委员，兼任中央华侨事务委员会委员。1955 年 5 月 8 日，司徒美堂逝世于北京。

据 1930 年美国人口普查资料，司徒美堂为侨居身份，个人职业为商人（Merchant），经营进出口贸易。与妻子 Seto Mary 育有一儿一女，其住址为纽约勿街（Mott St.）11 号公寓 160 室。1946 年归国时，有报道称其原配夫人仍然健在，育有三子二女。②

五、结论

二十世纪一二十年代，司徒美堂在美东地区洪门致公堂、安良堂开始进入组织的上层。30 年代始，他在美东乃至美洲洪门致公堂中身居要职，尤其在成立中国洪门致公党与中国洪门民治党的酝酿过程中，成为最重要的创始人之一。30 年代抗日战争中，司徒美堂在纽约组织救国救亡运动，并以华侨参政员的身份回国参政。1945 年抗战胜利后，司徒美堂与洪门人完成了洪门致公堂改堂为党的夙愿，并以第三方政党呼吁停止内战，希望国家实现民初共和宪政的初衷。1948 年，司徒美堂决定退出中国洪门民治党，并于 1949 年选择回中国大陆以归国华侨的身份参加第一届中国人民政治协商会议。作为海外华侨，“司徒美堂一生所走的道路，反映着国外爱国华侨自从鸦片战争以来所走过的道路”，“与代表东南亚华侨的陈嘉庚先生交相辉映”。③ 有关司徒美堂经历中的种种讹误，始于 1951 年的自传《我痛恨美帝》，希望本文能对其生平做出补充与修正。

---

① 慕安：《哪些政治派别和团体未能参加新政协会议》，《党史博览》2010 年第 1 期，第 24 页。《大汉公报》，1949 年 11 月 7 日第 1 版。

② 《美国人口普查——1930 年家庭历史纪录》（*United States Census, 1930 - Family Search Historical Records*），家族寻根网站（Family Search），https：//www. familysearch. org/ark：/61903/1：1：X4K4 - 644，2019 年 12 月 9 日。《申报》，1946 年 10 月 30 日第 12 版。

③ 廖承志：《在公祭司徒美堂先生大会上的悼词》，黄鼎臣：《周恩来与司徒美堂》，中国致公党中央研究室：《司徒美堂》，中国致公出版社，2003 年，第 3、180 页。

A Brief Study on the Life History of Seto Mee Tong

Shi Xiaoning

(Ph. D in Chinese Literature. Course Director, Department of Languages, Literatures and Linguistics, York University, Canada. The area of researching is Chinese Canadian history.)

Abstract: Seto Mee Tong（司徒美堂, 1868—1955） was a prominent leader in Chinese American society during the 1930s' and 1940s'. While past scholars have relied almost exclusively on his autobiography, there is much more to discover by investigating other sources. The purpose of this paper is to use government records, association records, and contemporary newspaper accounts to clarify and correct previous conclusions and statements about his life and influence. The paper considers his contributions within each of the four decades at the beginning of the 20th century. His role in the Chinese Freemasons（洪门致公堂, Chee Kung Tong） and in the On Leong Association（安良堂） are discussed. Clarification of relationships such as that between the Chinese Zhigong Party（中国致公党）, founded in 1925, and the Chinese Freemasons Party（中国洪门民治党）, which Seto Mee Tong founded in 1945 – 1946, shed new light on the previous research on him and provide guidance for future study.

Key Words: Seto Mee Tong, America, Chee Kung Tong, On Leong Association, the Chinese Freemasons Party, the Chinese Zhigong Party

双轨并行：1965年以来美国华人经济的转型发展和特征分析

李爱慧*

【摘　要】20世纪60年代中期以来，随着美国科技进步、产业转型，再加上华人新移民的持续涌入和境外华商资本的流入等诸多因素的影响，美国华人经营的各行业呈现不同的发展态势，总体来说表现出“双轨并行”的特征。一方面，洗衣业和制衣业等劳动密集型产业由盛而衰，而中餐馆、零售批发等华社的传统支柱行业则继续蓬勃发展，华资银行业、房地产业等因实力不菲的华商投资和新移民的置业需求，以及专业金融人士和经纪人的中介作用，表现出了良好的发展势头。另一方面，以中国大陆和台湾留学人员为主体的自然科学与工程类高端人才，利用美国的技术创新、风险投资，同时借助中国的人力资本、制造能力，创建和经营起一批具有相当竞争力的华人高科技公司，成为推动当今创新型知识经济发展一股不容忽视的力量。

【关键词】新移民；美国华人经济；转型发展；传统行业；高新技术公司

* 作者简介：李爱慧，暨南大学国际关系学院/华侨华人研究院副教授（Email：li_aihui@163.com）。

一、引言

居美华人创办的各类企业是美国经济的一个重要组成部分，受到美国政治环境、经济发展、政府政策、营商环境乃至全球化经济浪潮的影响。不过，美国华商企业在人力资本、金融资本和社会资本的利用和运作，以及消费群体的构成方面都有鲜明的族裔特色。以唐人街为代表的华人族群经济具有内部相互关联和依存性，但同时又通过各种纽带与主流经济体系产生直接或间接的联系。作为“朝阳行业”的华人高科技公司的“族裔特性”并不突出，不过在实际经营过程中有时也要借助于同乡、同学、同事、同行等建立起社会关系网络，获得融资或寻找建立合作伙伴。

关于美国华人经济的历史和现状，国内外学者从不同的视角，运用不同学科理论和方法进行了一些探讨，既有宏观概览之作，也有微观的个案研究，以美籍华人学者的贡献最为突出。王保华（Bernard P. Wong）教授早期侧重于对纽约和旧金山湾区唐人街的华人族群经济进行探讨；最近十多年来，王教授开始将关注焦点转向硅谷的华人高科技精英，研究他们如何运用社会文化资本，成功转型为企业家，并实现资本、产品、技术和服务的跨国循环流动。① 周敏教授的《唐人街：深具社会经济潜质的华人社区》②，创新地运用“聚居区族裔经济理论”，对纽约唐人街的主要经济行业和族裔劳动力市场做了深入的分析，提出唐人街具有完善的经济结构，并与主流社会保持着密切的联系。安娜·李·萨克森尼安教授对硅谷高科技行业中的华人新移民创业者，以及他们与中国大陆和台湾的跨国技术、知识流动进行了追踪式的考察研究，出版了一系列成果。③ 还有学者专门研究某一行业，如中餐业、制衣业、超市的发展状况。在中国海峡两岸学界，也有

---

① 王保华的相关著作有：Bernard Wong, *Patronage, Entrepreneurship, Brokerage, and the Chinese Community of New York*, AMS Press, 1988；*Ethnicity and Entrepreneurship: The New Chinese Immigrants in the San Francisco Bay Area*, Allyn & Bacon, 1998；*Chinese in Silicon Valley: Globalization, Social Network, and Ethnic Identity*, Rowan & Littlefield Pub Inc, 2006.

② Min Zhou, *Chinatown: The Socioeconomic Potential of an Urban Enclave*, Temple University Press, 1992；中译本：周敏著，鲍霭斌译：《唐人街：深具社会经济潜质的华人社区》，商务印书馆，1995 年。

③ 萨克森尼安教授的相关论著有：*Silicon Valley's New Immigrant Entrepreneurs*, Public Policy Institue of California, 1999；*Local and Glonal Networks of Immigrant Professional in Silicon Valley*, Public Policy Institue of California, 2002；“From Brain Drain to Brain Circulation: Transnational Communities and Regional Upgrading in India and China”, *Studies in Comparative International Development*, Vol. 40, No. 2, 2005.

少量关于美国华人经济的论著出版。陈怀东教授的《美国华人经济现况与展望》[①] 一书，对 20 世纪 80 年代华人经营的多元化中小型企业进行统计梳理，认为华人经济在美国少数族裔中居领先地位。龙登高教授的《跨越市场的障碍——海外华商在国家、制度与文化之间》[②] 一书辟专章对美国华人经济进行了分析，提出唐人街的华人族群经济位于美国经济边缘，而华人高科技公司则位于美国主流“新经济”前沿的论点。此外，日本学者蔡林海的《鹫与龙：跨国公司战略与华人创新网络》[③] 一书也探讨硅谷的华人技术移民如何利用社会网络，成为敢于冒风险的创业者。台湾“侨委会”编的《华侨经济年鉴》（1974— ）和大陆出版的《华人经济年鉴》（1994— ）、《世界华商经济年鉴》（1995— ）等年度出版物，对于美国华人经济的发展状况都有涉及，具有一些资料参考价值。

二、推动美国华商企业发展转型的主要因素

推动美国华商企业发展转型的主要因素来自几个方面：一是美国经济飞速发展和科技革命的大背景；二是美国移民政策变革引发华人新移民潮，与之伴随的是族裔劳动力和消费需求的增长；三是来自东南亚以及中国大陆和港台的华商投资；四是美国政府对少数族裔中小企业的政策扶持；五是美国华商与大中华经济圈的跨太平洋经济往来。

（一）美国经济发展和科技革命

第二次世界大战后，美国经济飞速发展，与此同时科技不断实现创新突破，美国的产业结构经历着一次前所未有的转型与重构，由工业社会向“后工业社会”迈进。20 世纪 70 年代之后，美国经济结构向知识和技术驱动型转变，尤其是信息通信技术产业在 90 年代以来得到迅猛发展。在产业升级换代的背景下，原先占主导地位的劳动密集型产业日渐衰微，而知识密集型产业则冉冉升起，带动其他行业营销模式的现代化。

在此大背景下，美国华人经济结构和经营模式也不可避免地发生变化。华人传统支柱行业——手工洗衣业在战后迅速走向衰退直至退出历史舞台，主要原因

---

① 陈怀东：《美国华人经济现况与展望》，世界经济出版社，1991 年。

② 龙登高：《跨越市场的障碍——海外华商在国家、制度与文化之间》，科学出版社，2007 年。

③ ［日］蔡林海著，李旭光等译：《鹫与龙：跨国公司战略与华人创新网络》，青岛出版社，2002 年。

就是战后美国经济的繁荣和科技的进步，很多中产阶层家庭都买得起方便实用的小型家用自动洗衣机和烘干机。再以具有悠久历史的华人杂货零售业来看，其经营模式受主流大型连锁超市的影响，也基本摆脱了早期的“夫妻店”“兄弟店”模式，向规模稍大的超市和连锁商店转变，使得华人赖以谋生的传统行业焕发新的生机，不仅店铺数量持续增加，而且经营规模也不断扩大。

更值得一提的是，以信息技术和生物医药为核心的高新技术产业成为美国经济新的增长点，给偏重攻读自然科学与工程类学位的中国海峡两岸留美学人提供发挥其自身优势的空间。这些留美学人因掌握了发展新经济所要求的核心知识、技术以及创新能力，得以顺利进入这一领域，并吸引了创投公司和风险投资家的资金支持，成功创办高新技术公司，研发新产品。

（二）华人新移民与族裔劳动力和消费需求的增长

1965 年新移民法实施以来，特别是 1979 年中美建交之后，赴美华人移民数量持续大幅度增长。1966—1975 年，有 20.5 万名华人移民进入美国，平均每年约 2 万人；1981—2000 年，华人移民总计约 76.6 万人，平均每年约 3.8 万人；进入 21 世纪后华人新移民数量更迅速攀升，每年在 7 万人上下。[①] 根据 2017 年美国社区调查数据，居美华侨华人已超过 520 万人，其中 60% 以上为移民，不足 40% 为土生华裔。[②]

源源不断的华人新移民，为美国华人经济发展提供了充足的劳动力。这些新移民中既有受教育水平不高、英语不流利的家属移民，也有相当一部分是留学生转化而来的高端技术移民、携资来美的投资移民。低端移民为劳动密集型的制衣业、中餐业、杂货零售业带来了充足的劳动力；而高端的专业技术移民为新兴的科技行业带来了宝贵的人力资源，而投资移民则为金融地产业以及华人创业带来了资金。

同时，这些华人新移民亦构成庞大的消费群体。中餐业之所以越来越繁荣，

---

① U. S. Department of Homeland Security Office of Immigration Statistics, *2010 Year Book of U. S. Immigration Statistics*, pp. 12, 13, 15, http://www.dhs.gov/xlibrary/assets/statistics/yearbook/2010/ois_yb_2010.pdf.

② 美国每十年进行一次人口全面普查，其余年份根据社区抽样估算人口，这里的华人人口数量是在 2010 年人口普查的基础上，根据社区调查估算出来的，并不是准确数据。参见 2017 American Community Survey, B02018-017 American Community Survey, B02018, https://factfinder.census.gov/faces/tableservices/jsf/pages/productview.xhtml? src=CF#，2019 年 9 月 20 日。

就是因为华人移民对中餐保持着一种强烈而明确的偏好，即便他们在美国已经生活了相当长的时间，中餐依然在他们的生活中占据显要的位置。很多资金不充裕的华人新移民在创业初期，也大多靠开餐馆谋生，使中餐馆的数量大增。20 世纪 80 年代之后随着中国大陆新移民的大批涌入，中餐业更加兴旺起来，而且风味和类型越来越多元化。装潢豪华典雅的高级中餐馆涌现于唐人街和繁华的商业区，与法国餐馆和意大利餐馆三足鼎立；与此同时，外卖餐馆犹如雨后春笋，中式快餐连锁店也有了良好的发展势头，能够满足不同阶层消费者的需求。

中餐馆和普通华人家庭均需要大量中国特色的食品和家庭生活用品，诸如各种调味品、厨具、碗碟、家具、装饰品等。同时纺织品、中草药材和成药、玩具、工艺品及各种具有民族特色的商品也是唐人街居民的必需品。这些均促进了华人杂货零售、批发和进出口贸易的不断发展。

（三）境外华商资本大规模流入美国

20 世纪 70 年代，一批东南亚华人富商为躲避所在国的排华浪潮向美国大批转移资金。而美国在 1990 年通过的移民法中也特别推出投资移民配额，以吸引中国港台资本家和大陆的新晋富商到美国投资兴业。这些华商最热衷于投资的就是华资银行和房地产业，带旺了这两大行业。

华资银行有一部分是靠美籍华人的资金支持；也有一些是由资本雄厚的东南亚华人富豪和中国大陆、香港、台湾企业家投资或购买股份的，其主要服务对象为华人社群。他们一般缺乏借贷巨款给大企业的能力，业务仅限于中小型工商业贷款、房屋贷款等项目，华资银行对华人的需要及经营方式非常熟悉，在贷款服务方面相对主流银行更加灵活，愿意为华人中小型企业贷款提供便利，华资银行为资本不富裕的华人小老板提供畅通的融资渠道，为唐人街华人族群经济的发展起到了积极的推动作用。

举例来说，华人房地产业就得益于华商资本的投入而迅速发展起来。1965 年之后，由于不同阶层的新移民持续涌入，纽约、洛杉矶、旧金山城市中心的老唐人街不断扩展，在周边形成“卫星式”的新唐人街，同时在郊区也兴起了很多新华人社区。拥有一定积蓄的华人新移民一般都会购置住宅，或者开店铺做生意，这令房地产市场有利可图，吸引了大量华资。

（四）美国政府对少数族裔中小企业的政策扶持

20 世纪 60 年代，在黑人民权运动和少数族裔权利运动的冲击下，美国政府通过了一系列民权法并实施“肯定性行动计划”（Affirmative Action），对历史上曾遭受种族歧视的少数族裔实施倾斜性政策，涉及教育、就业、晋升、企业等方面的照顾，华人也是受益群体之一。美国政府对少数族裔企业在贷款和订单等方面采取的鼓励和优惠政策对华人经济的发展也产生了积极影响。美国商务部于1969年成立少数族裔商业发展署，专门设立基金资助各地的少数族裔商业发展中心，为少数族裔企业和个人提供商业服务；华商还可以利用美国国会通过的《小企业投资法》等获得资金支持。华商团体也可以向联邦和地方政府部门寻求帮助，比如华人进出口协会可向有关部门申请一定的出口配额。[①]

（五）美国华商与大中华经济圈的跨太平洋经济往来

中美建交后日益密切的双边经贸合作关系为华商提供了空间和舞台。改革开放以来中国制造业迅猛发展，越来越多的华商活跃于中美进出口贸易中，将中国生产的各种服装、箱包、礼品、珠宝首饰、玩具以及日用品推销到美国，这也使中国经济与华人经济发展的命脉紧密相连。华商利用同文同种的优势加强与中国大陆、台湾、香港以及东南亚华人圈的经济贸易联系，建立国际贸易公司，推动中美贸易的发展。以善于经商的温州人来说，他们尽管移民美国较晚，但在进出口贸易业中迅速崛起。温州的轻工业相当发达，很多移民到纽约的温州人便从家乡批发一些低廉却又优质的轻工业产品，如鞋、衣服、打火机、小饰品等到美国销售。全美著名的小商品批发市场位于纽约曼哈顿第26街和第30街之间，温州移民在这里占据半壁江山。一般来说，温州籍的大型批发商每周从中国大陆进口五个集装箱，小型批发商每两周一个集装箱，如果以平均每个批发商每周进口一个集装箱计算，该市场每周至少从中国大陆进口两百个集装箱。[②]

再以高新技术行业的华人企业家来说，他们对新经济领域的贡献不局限于美国，而是越过太平洋辐射到了整个中国。他们在跨太平洋的科技合作和创新型经济发展中架起了互惠互利的桥梁，有的高科技公司研发总部设在美国，但生产基地设在中国海峡两岸及香港，形成了跨国化的经营网络，促进了人才、技术、知识、理念的跨国流动。在此过程中，他们的事业也得到发展，达成“互惠互利多赢”的局面。

---

① Bernard P. Wong, *A Chinese American Community: Ethnicity and Survival Strategies*, Hopman Enterprises, 1979, p. 62.

② 中国新闻社世界华商发展报告课题组：《2007年世界华商发展报告》，2008年，第28页。

三、美国华商企业的整体发展态势

从数量上看，美国华商企业[①]的增速远远超过美国企业整体增长水平。从1977—2012 年来看，美国华商企业数量由 2. 3 万多家增至 52 万多家，增长了 22 倍（见图 1）。仅以 2002—2012 年来看，华商企业增幅达到 82. 2%，而同期美国企业总体增幅仅为 20. 2%。

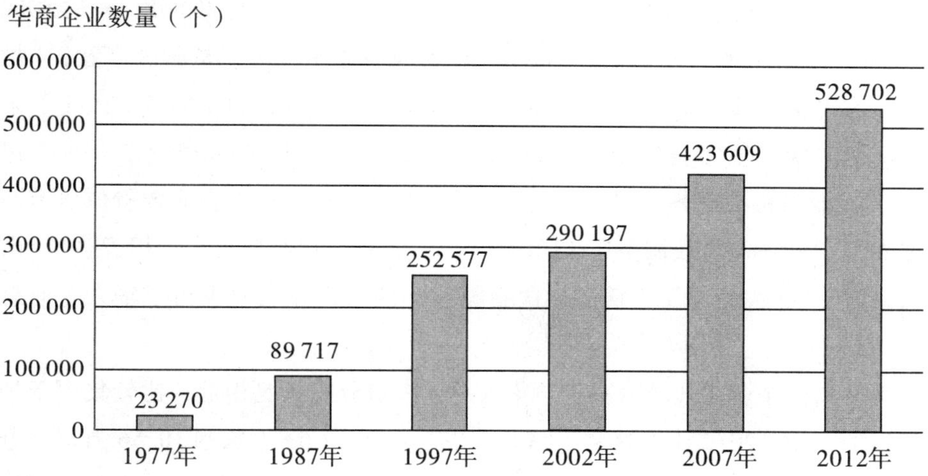

图 1　美国华商企业数量的增长（1977—2012 年）

资料来源：U. S. Census Bureau, 2002 Survey of Business Owners: Asian-Owned firms; U. S. Census Bureau, American Fact Finder, 2007 Survey of Business Owners: Statistics for All U. S. Firms by Industry, Gender, Ethnicity, and Race for the U. S. , States, Metro Areas, Counties, and Places, 2007; 2012 Survey of Business Owners: Statistics for All U. S. Firms by Industry, Gender, Ethnicity, and Race for the U. S. , States, Metro Areas, Counties, and Places, 2012.

从企业规模来看，华商企业绝大多数属于中小型企业，大型企业占比较小，其规模和收入水平均低于美国企业的整体水平。根据美国统计局公布的 2007、2012 年企业调查数据，华商企业中约 75% 属于无雇员的“自雇型”企业，也就是“夫妻店”或“家庭店”，其收入仅占华商企业总收入的 10% 左右；仅 25%

① 华商企业是指华人占股 51% 以上的非农场企业。

属于有雇员的企业，其收入却占90%左右。即便是有雇员的华商企业，平均每家企业的员工仅为7人，是美国企业平均员工数量（21人）的1/3。2007年，仅1 660家华商企业拥有50人以上的雇员，占比1.5%。[①]

从行业分布上看，如今的华商公司已遍布美国各个行业，不过仍显现出相对集中的特点。依据2002年美国商务部的企业统计数字，可以看出华商企业数量最多的两类行业为“专业与科技服务”（5万多家）和“膳宿与食品服务”（4.4万家），分别占华商企业总数的17.29%和15.17%。除此之外，华商企业数超过万家的尚有六个行业，即“零售贸易”“房产与出租”“健康护理与社会协助”“批发贸易”“管理、支持与维护服务”“其他服务业”等。从营收来看，“批发贸易”行业的总收入逾430亿美元，占全美华商企业收入的40.5%；接下来收入较高的依次是“零售贸易”（144亿美元）、“膳宿与食品服务”（122亿美元）、“专业与科技服务”（70亿美元）。[②] 到2007年，华人企业数量位居前两位的依然是“专业与科技服务”（16.4%）、“膳宿与食品服务”（12.7%）。而从收入来看，“批发贸易”“膳宿与食品服务”两大行业的收入占了华人企业总收入的50.4%。[③]

美国华商企业在地域分布上与华人总体人口分布状况相近，比较集中于加州和纽约两个州。2012年，这两个州各有华商企业20.53万家和10.56万家，分别占在美华商企业总数的38.8%和20.0%。[④] 当然，华商的地域分布也与各州的经济发展密切相关。加州经济发达，产值居全美第一，也是美国科技创新中心硅谷所在地，毫无疑问具有很大的吸引力。

四、唐人街华人族裔经济体系的转型升级

这里的华人族群经济主要是雇主、雇员、顾客均以本族同胞为主的各类行

① U. S. Census Bureau, American Fact Finder, 2007 Survey of Business Owners: Statistics for all U. S. Firms by Industry, Gender, Ethnicity, and Race for the U. S. , States, Metro Areas, Counties, and Places, 2007; 2012 Survey of Business Owners: Statistics for all U. S. Firms by Industry, Gender, Ethnicity, and Race for the U. S. , States, Metro Areas, Counties, and Places, 2012.

② U. S. Census Bureau, 2002 Survey of Business Owners: Asian-Owned firms, 2006; 龙登高：《跨越市场的障碍——海外华商在国家、制度与文化之间》，科学出版社，2007年，第39页。

③ U. S. Census Bureau, Survey of Business Owners-Asian Owned Firms: 2007, http: //www. census. gov/econ/sbo/ get07sof. html? 16; Chinese-Owned Firms: Number of Firms by kind of Business (2007), http: //www2. census. gov/econ/sbo/07/final/charts/asian_ chart3. pdf, 2013 - 09 - 20.

④ 王辉耀、康荣平主编：《世界华商发展报告》，中国华侨出版社，2017年，第93页。

业。“二战”前，华侨华人被排斥在美国主流经济体系之外，洗衣业、餐馆业及零售业是他们赖以生存的三大支柱行业。战后特别是 20 世纪 70 年代以来，洗衣业迅速衰落，餐馆业和零售业则持续发展，制衣业、华资银行业、房地产与酒店业等则有不同程度的发展、整合与转型，呈现出与战前截然不同的华人族裔经济体系。

（一）洗衣业的式微

洗衣业曾经是老华侨赖以谋生的支柱行业之一，到二十世纪四五十年代依然较为兴盛。1949 年美国华人洗衣馆有 10 232 家；1959 年靠洗衣业谋生的依然有 3 万多人，占华人就业总数的 30%。[①] 不过，战后初期华人洗衣业的繁荣只是暂时的，到六七十年代，华人洗衣业日渐式微，只剩下一些老年移民在维持着，全美华人从事洗衣者的比例直线下降。1970 年全美以洗衣业为生的华人男性降至 2%，至 90 年代末降到 1%。[②] 美国各地历史悠久的华人洗衣店相继停业，极少数能坚持到 21 世纪。2016 年 10 月底，位于旧金山湾区圣马特奥县一家经营了 140 年之久的“胜利”洗衣店关门歇业。关门当天，很多老主顾前来送别这家老店，美国全国广播公司（NBC）为此做了专访。[③]

（二）中餐业的持续繁荣

与洗衣业不同，以小本经营起家、别具一格的中华饮食文化立足的中餐业，生意愈做愈红火，至今依然是美国华人社会的经济支柱之一。中餐馆的数量增长非常迅猛，遍布美国大小城市，尤以华人聚居的洛杉矶、纽约、旧金山三大都会区最多。1960 年末，全美大约有中餐馆 1 万家，1990 年增至 2 万家左右，从业人员有 24 万人。[④] 到 2006 年，全美中餐馆已有 5 万多家，华人从业者 30 多万人，洛杉矶、纽约、旧金山三大都会区的中餐馆最为集中，分别有 6 000 家、

---

① Bernard Wong, *Chinatown: Economic Adaptation and Ethnic Identity*, Holt, Rinehart and Winston, Inc., 1982.

② John Jung, *Chinese Laundries: Tickets to Survival on Golden Mountain*, Yin & Yang Press, 2006, pp. 209 – 213.

③ 《美国这家华人洗衣店关张，为何众人集体“哀悼”》，https://www.sohu.com/a/117743224_419342，2016 年 10 月 31 日。

④ 麦礼谦：《从华侨到华人：20 世纪美国华人社会发展史》，三联书店（香港）有限公司，1992 年，第 393 – 394 页；广东省地方史志编纂委员会编：《广东省志 · 华侨志》，广东人民出版社，1996 年，第 67 页。

5 000家、4 300 家。[①]

因华人新移民来源地的日趋多元化，中餐馆的烹饪风味也变得多种多样，不再仅以粤菜为主，京、川、湘、沪、浙、台、闽、潮各种风味的餐馆也逐渐兴盛起来。粤式中餐馆在美国历史最为悠久，也最为当地人所接受。现今很多粤菜馆已由小型家庭式经营向现代化经营发展，建起装修豪华、富有东方风格的大酒楼，并且冠以气派的名字，诸如皇朝、皇宫、金龙等，以招揽顾客。[②] 祖籍台山的梅贤添是纽约唐人街人人皆知的大厨，从 1959 年起就与人合伙在纽约唐人街经营华都、新华都、利口福、福临门、新福临门等多家餐馆，后发展成为利口福饮食集团。[③]

经营其他菜系的中餐馆首先是移民美国的民国政府官员及其家属带旺起来的。跟随丈夫到美国的江孙芸女士 1968 年在旧金山渔人码头的购物中心开设福禄寿餐厅，装潢高贵典雅，墙面上张贴着张大千、齐白石的国画，供应地道、经典的京味、川味和湘味菜。福禄寿餐厅得到《假日杂志》（*Holiday Magazine*）连续 29 年的推崇。[④] 随后在纽约、芝加哥、华盛顿等地，越来越多的非粤式菜馆兴起，不仅满足了说普通话的新移民的需求，亦大受非华裔食客的欢迎。曾为蒋介石父子厨师的彭长贵 1974 年前往美国发展，在纽约曼哈顿区开设了彭园餐厅，时任国务卿基辛格经常光顾，带旺了这家餐馆。彭长贵自创的菜品“左公鸡”[⑤] 很受基辛格青睐，ABC 电视台还为这道菜制作特别节目报道，使得“左公鸡”名扬全美。[⑥]

1972 年尼克松访华特别是中美建交之后，中餐馆更是迎来黄金期。随着来自中国大陆各省市的专业技术移民落户美国市郊，迎合他们需求的各种地方风味的中高档中餐馆迅速兴起。新移民倾向于“正宗的”而不是“美国化”的中国美食。在纽约皇后区和南加州圣盖博谷的餐馆里，各种原汁原味的中国地方菜已

---

① 中国新闻社世界华商发展报告课题组：《2007 年世界华商发展报告》，2008 年，第 50 页。

② John Jung, *Chinese Laundries: Tickets to Survival on Golden Mountain*, Yin & Yang Press, 2006, p. 216.

③ 《台山人在美国》（第五期），http://www.usa-taishan.com/ts05page08.php，2014 年。

④ Andrew Coe, *Chop Suey: A Cultural History of Chinese Food in the United States*, Oxford University Press, 2009, p. 238.

⑤ 取名“左公鸡”并不是指左宗棠爱吃的一道菜，而是菜式的发明者表达对湘籍先贤左宗棠的尊敬之意。

⑥ Andrew Coe, *Chop Suey: A Cultural History of Chinese Food in the United States*, Oxford University Press, 2009, p. 260.

经取代了“美式”中餐。当然，很多中餐馆一般采用两套菜谱，在招待非华裔顾客时，会迎合他们的口味偏好稍稍变换一下调料和配菜。

除了上档次的中餐馆外，20 世纪 80 年代中期后，来自福州的新移民经营的小型中餐外卖店迅速兴起，满足了低收入群体的需求。这种小餐馆一般只需要夫妻二人或雇一两个帮手就能开张，价廉物美，深受顾客欢迎。纽约有 90% 的中餐外卖店都是福建人开的，至少有 5 000 家。由陈清泉创立的快餐馆品牌“No. 1”（第一）拥有几十家连锁店。[①] 90 年代之后，外卖餐馆的黄金时期过去，精明的福州人转向开自助餐馆。如今全美许多高速公路的休息点，有很多自助式的中餐馆均由福州移民经营。当然，福州移民经营的不全是低档的小餐馆，实际上已经有不少实力较为雄厚的福州籍餐馆老板开起了高档酒楼，其中较为著名的有陈清泉、陈学顺、李华、柳智富等人。[②]

还有一些富有投资眼光的中餐馆老板效仿麦当劳和肯德基的经营方式，开办起美式连锁中餐店，其中最著名的当属程正昌和蒋佩琪夫妇创办于 1983 年的熊猫快餐（Panda Express）。其总部位于加州洛杉矶的柔似蜜市，至 2007 年已经开了第 1 000 家门店，每年的营业额突破 10 亿美元。熊猫快餐店主要开在大型购物中心、超市和商业街，其标志是人见人爱的熊猫，非常醒目。连锁餐厅提供多种中式菜品，以及炒面、炒饭等主食，在保留中餐特色的同时，又加上美国人最喜欢的甜酸味，再稍加一点辣，这样既满足了美国人吃中餐的愿望，又充分照顾了他们的饮食习惯，大受美国人的欢迎，因而培养出一批“熊猫快餐迷”。[③] 2015 年，程正昌和蒋佩琪夫妇跻身全球华人富豪榜前 100 位。[④]

另一家知名的高档中餐连锁店是老张中国小馆[⑤]（P. F. Chang's China Bistro，又译作“华馆”），比熊猫快餐显得档次稍高。经过二十多年的发展，凭借其创新融合的“美式中餐”、具有现代特色的中式装修风格以及“美式”经营理念，老张中国小馆在美国很有人气。到 2003 年，该餐馆已在美国开设了约 100 家分

---

① 《美国著名侨领（长乐人）陈清泉讲述创业经历》，搜狐网，http：//www. sohu. com/a/271106736_691795，2018 年 10 月 30 日。

② 王辉耀、康荣平主编：《世界华商发展报告》，中国华侨出版社，2017 年，第 136 – 137 页。

③ Panda Express，Our Family Story，https：//www. pandaexpress. com/ourfamilystory，2019 – 07 – 18.

④ 以上排名根据福布斯 2009—2015 年全球华人富豪榜整理。

⑤ 从该餐馆的英文招牌字面上看，有媒体将它译为“老张中餐馆”。餐馆老板叫江一帆，是学艺术的，他有位全美餐饮界知名的烹饪专家妈妈江孙芸。早在 20 世纪 60 年代，当美国人对中国菜的印象还停留在“甜酸肉”“炒杂碎”及中餐馆环境“脏乱”时，江孙芸就已经让美国人认识到地道中华美食的精妙。

店，至2019年在美国的门店超过210家。[①]

从上述各种档次、各种类型、各种风味的中餐馆的蓬勃发展态势可以看出，中餐不仅满足了中国移民的“口腹之欲”，而且因其悠久的历史、烹饪的技巧、丰富的种类、鲜美的味道、合理的价位而深受美国各族群、各阶层的追捧。中餐馆已经摆脱了“二战”前边缘化的廉价“杂碎馆”形象，采用多样化、专业化、网络化的经营模式，在美国的普及面越来越广。中餐是一张重要的“中华文化”名片，传递了华人的精神与生活艺术，有利于消除华人与其他族裔的隔阂和误解。

（三）杂货零售、批发业的扩展与营销模式的现代化

“二战”前，主要由家庭经营的华人小型杂货店能获得不高但稳定的利润。只有少量资金较雄厚的华商可以经营大型百货公司和连锁商店，如中山籍华商周崧创办了“中兴公司”和全国连锁的“一元商店”[②]。据统计，1949年美国华人经营的杂货店共2 047家，到60年代初仅在北加州就至少有3 000家华人杂货店和超市。[③] 1984年，全美经营杂货、超级市场、进出口贸易的华人商贸公司约7 000家，总资产约50亿美元。[④] 2002年，全美华人零售贸易公司达到2.8万家，2007年增至4万多家。[⑤]

粤籍老侨在经营现代化大型连锁超市上起了“开路先锋”的作用。1955年，祖籍台山的黄百进（中国出生）、振滋和佐治兄弟在加州首府萨克拉门托开了第一间超级市场，以洛杉矶高尚住宅区之后“柏艾”为超级市场命名。1971年，柏艾已经拥有7间分店，到1992年共开了21间连锁超市。后因黄氏兄弟姐妹均已超过退休年龄，决定将柏艾超市出售给加州最大的杂货连锁店瑞雷超市（Raley's）。[⑥]

---

① 参见P. F. Chang官网，http：//www. pfchangslebanon. com/about – us。

② 由中山籍华侨周崧于1903年合股创办的“中兴公司”，是美国华人商业发展规模最大的百货公司，一直延续到1997年才全面结业，最高峰时达到120家分店。

③ Alfred Yee, *Shopping at Giant foods: Chinese American Supermarkets in Northern California*, University of Washington Press, 2003, p. 12.

④ 广东省地方史志编纂委员会编：《广东省志·华侨志》，1996年，第67页。

⑤ U. S. Census Bureau, “2002 Economic Census, Survey of Business Owners: Asian-owned Firms”; U. S. Census Bureau, Chinese-Owned Firms: Number of Firms by Kind of Business (2007), http://www2. census. gov/econ/sbo/07/final/charts/asian_ chart3. pdf . U. S. Census Bureau.

⑥ 叶殷：《黄家的美国之梦：Bel Air超级市场的故事》，《从金山到千禧的风与雨》，美国沙加缅度中华文化基金会暨戴维斯加州亚美系联合出版，2001年，第113 – 116页。

由香港移民和台湾移民开办的大型连锁超市，较知名的有香港超市、大华超市。截至2008年香港超市在美东和美西开设有13家分店，其中美东9家，加州4家。[①] 大华超市由台湾移民陈河源创办，至2009年底已经在加州拥有24家直营店，此外在华盛顿州、内华达州、得州有4家直营店。从表面看，华人经营的超市与美国其他超市毫无二致，但它的族裔特征也非常明显，有盛着活鱼的庞大水箱，有熟肉、熏鸡、烤鸭、炖猪肚，此外还有各种亚洲菜系的调味品。

20世纪90年代以来，福州和温州移民在超市经营方面也打下一片天地。福建移民邓龙创办的中国城超市集团在纽约曼哈顿、法拉盛等城区建立起11个大型超市。1992年移民美国的温州人张利惠创办了大中华超市集团，在纽约、波士顿、新泽西等地开设了多家规模较大的超市。[②] 此外，温州移民在纽约开设的超市还有中美超市集团、大丰超市、金丰超市等，以占地千尺的庞大气势，占据着社区黄金地带。

批发业和进出口贸易与杂货零售业的发展相辅相成。据统计，到21世纪初美国华商经营的批发贸易公司有2万多家，而且这类公司是华商企业中的收入大户。仅以2002年来说，华商经营的“批发贸易类公司”仅占华商企业总数的7.16%，但其总收入达到430亿美元，占全美华商企业收入的40.5%。[③] 华人批发商建立了货物分发网络，美东的批发中心位于纽约，美西的批发中心位于洛杉矶。

（四）制衣业的兴衰与转型

大批投靠亲属的华人移民妇女成了制衣业的生力军，使得20世纪中期有衰退之势的纽约服装业[④]又恢复了生机。20世纪60年代中期至80年代中期，纽约、旧金山等地唐人街的华人制衣业经历了一个“黄金时代”。制衣厂主最初以广东籍、香港籍、台湾籍华侨为主，后来逐步由福建籍和温州籍华侨取代，唐人街制衣厂的工资很低、工作条件非常恶劣，被称为“血汗工厂”，可是华人妇女

---

① 中国新闻社世界华商发展报告课题组：《2007年世界华商发展报告》，2008年，第21页。

② 徐爱玲：《欧洲与美洲华商财富分布》，贾益民主编：《华侨华人研究报告（2014）》，社会科学文献出版社，2014年，第140页。

③ U. S. Census Bureau, 2002 Survey of Business Owners: Asian-Owned Firms, 2006；龙登高：《跨越市场的障碍——海外华商在国家、制度与文化之间》，科学出版社，2007年，第39页。

④ 制衣业属于劳动密集型产业，20世纪上半叶之前主要由来自东南欧的犹太移民和意大利移民支撑，之后因他们经济地位改善或者年老、故去等原因，纽约的服装业逐渐衰落。

愿意去那里做工，主要原因是女工们可以用母语交流，不用担心英语水平不够；而且制衣厂老板们能够顾及华人女工的特殊需求，对带小孩上班、提早下班等做法较为宽容。[①] 据统计，1965 年纽约市华人制衣厂达到 55 家。80 年代全美华人制衣业发展到 2 000 余家，从业者大部分都是女工。[②] 不过，制衣业的“命脉”主要掌握在犹太裔制衣商手中，因为设计权和经销权在他们手中，而华人制衣厂绝大多数是来料加工的模式，处于附属的地位。很多华人企业家投资制衣业只是暂时性的，积累了一定的资金后就会转投其他利润更高的行业。90 年代初，纽约法拉盛的制衣业日渐下滑，犹太裔制衣商纷纷撤出该行业，随后台湾和香港籍的制衣厂主也相继卖掉了他们的工厂。一批福建和温州籍老板取而代之，继续经营这些工厂，互相压价，形成恶性竞争。90 年代末，由于中国大陆和东南亚的廉价成衣大量出口到美国，冲击了唐人街的华人制衣业，大量制衣厂倒闭。

在行业的竞争之中，一些具有长远眼光的华人制衣厂主致力于提高本厂技术，并自主设计品牌，由做中低档衣转做中高档衣，成功实现转型。原籍台山的林建中 20 世纪 70 年代初到美国时，从给制衣厂打工做起，之后升级当老板。他逐渐改进制衣厂生产和管理模式，努力突破犹太裔制衣商的垄断，自行设计和生产服装，至 1979 年林氏制衣集团旗下已经拥有 13 家制衣厂，9 个成衣品牌，成为纽约市最大的成衣生产商。到 21 世纪初，林氏制衣集团旗下的员工达 3 000 人之众，服装行销海内外，仅在英国就有 6 家大百货公司代理销售林建中公司的成衣。[③]

（五）华资银行的活力

银行是华人经济发展的有力后盾，可帮助各行各业的创业者获得融资。20 世纪 60 年代末，美国大陆仅有 8 家华资银行，而且规模较小。70 年代之后，东南亚和中国香港资金雄厚的华商纷纷进军美国金融市场，通过并购、创办和入股的方式，使得华资银行的数量和实力均不断攀升。1981 年，纽约仅有 3 家华资银行，1987 年就增至 32 家；同年加州已有 70 多家华资银行，吸纳存款总额约为

---

① Xiaolan Bao, *Holding up More than Half the Sky: Chinese Women Garment Workers in New York City, 1948 – 1992*, University of Illinois Press, 2001.

② Peter Kwong and Dusanka Miscevic, *Chinese America: The Untold Story of America's Oldest New Community*, The New Press, 2007, p. 316；广东省地方史志编纂委员会编：《广东省志 · 华侨志》，1996 年，第 67 页。

③ 《商业奇才——专访美国林氏集团主席林建中》，《台山人在美国》（第三期），2012 年 1 月 20 日，第 8 页。

200亿美元。[①] 1999年，全美华资银行有100多家，较有实力的近30家，主要集中于旧金山、纽约、洛杉矶等大都会地区。在洛杉矶排名前25位的大银行中，华资银行占五家，分别为华美银行、国泰银行、万通银行、美国中信银行及远东国家银行。

华美银行的扩张速度最为迅速，2000—2010年该行相继并购了太平洋商业银行、联华银行、中兴银行、沙漠银行、联合银行、华盛顿第一国际银行等，至2010年，其总资产超200亿美元，成为全美前三十大银行之一，也是全美亚裔社区最大的银行。2019年，华美银行总资产达429亿美元，市值70亿美元。[②] 同年，在《福布斯》评选的"全美百强银行榜"中华美银行位列第八，这是该行第六次跻身榜单前十名。[③]国泰银行创立于1962年，至今已有50多年历史，最初是由粤籍华商陈风与程达民合资55万美元创建。经过几十年的发展，截至2013年底，国泰银行的总资产超百亿美元，在全美有几十家分行。[④]

（六）房地产业欣欣向荣

老唐人街的改造与扩建和新华人社区的兴起，使商业楼宇、住宅公寓需求量上升，推动房地产业的发展。据统计，20世纪60年代华侨华人在美购置房地产年均在1亿美元以上，80年代年均超过3亿美元，90年代年均超过5亿美元，21世纪年均超过7亿美元。1987年，纽约市华侨华人地产公司达150家，至21世纪初达到1 000家。[⑤]

房地产业盈利惊人，涌现出一大批地产大亨，其中较为著名的有黄仲连、张济民、王恒等。黄仲连于1978年开始在法拉盛大规模投资发展房地产，兴建一系列商场住宅，很快成为千万富翁，1997年9月，《纽约时报》载文称他为"最活跃的亚裔建筑业巨子"。1974年，祖籍浙江镇海的著名华商张济民在旧金山组建西湖集团，涉足房地产业，被当地华人称为"房地产大王"及"旧金山湾区

---

① Peter Kwong and Dusanka Miscevic, *Chinese America: The Untold Story of America's Oldest New Community*, The New Press, 2007, p. 322.

② East West Bank Sees Income Taxes Triple in 2Q, Profit Down 13% , *Los Angeles Business Journal*, 2019-07-18.

③ America's Best Banks 2019, *Forbes*, 2019-01-16.

④ 中山市外事侨务局、中山市港澳事务局编：《中山市华侨志》，广东人民出版社，2013年，第189页。

⑤ 《美国华商年鉴》，转引自孙逊：《美国华侨华人与台湾当局侨务政策》，九州出版社，2012年，第108页。

首富”。美国《财富》杂志中文版1996年公布的“北美地区20位亿万身价华裔富翁排行榜”中，张济民名列第四，此后几年也一直名列前茅。[①] 2018年当选百人会新任理事会主席的王恒，亦是靠房地产和酒店开发经营发家，并在90年代后到中国大陆投资兴业，成立金鹰国际集团有限公司。最近几年王恒连续登上福布斯全球亿万富翁榜、全球华人富豪前100名榜单、美国400富豪排行榜。[②]

五、华人高新技术公司——美国新经济的助推器

华人高科技精英发挥自己的专长，通过融资渠道把技术转化为资本，独立或合伙创办高新技术公司。经过几代留美学人的努力，华人已经创立了数千家高科技公司，其中绝大多数集中于加州的硅谷，受到美国主流社会的瞩目。有调查显示，仅1990—1998年，在硅谷创建的7 826家高科技企业中，由华人创办的有1 536家，约占20%。2017年，硅谷有1万多家高科技公司，占全美高科技公司的一半左右，而由华人创立或担任首席执行官的企业有3 000多家。[③] 自20世纪50年代中期以来，不乏华人主导创建的高科技公司跻身世界500强，如王安电脑公司、王嘉廉的联合国际电脑公司、杨致远参与创办的全球最大网络公司之一雅虎、孙大卫和杜纪川创立的全球最大内存模块制造企业金士顿、黄仁勋创建的全球最大显卡芯片厂NVIDIA、陈丕宏的宏道资讯公司、高民环的导航系统（GPS）制造公司Garmin等。

硅谷是世界高科技之都，华人在其中扮演着举足轻重的角色。在20世纪60年代硅谷尚处于“幼儿时期”之时，就已出现华人高科技专家的身影，田长霖和虞有澄就是其中杰出的代表。80年代之前，来自中国台湾的留学人员是硅谷华人科技精英的主体，之后大陆的留学人员开始增多，逐渐占据优势。华人在硅谷的创业之路大致经历三个阶段：①20世纪70年代有零星的几位先驱；②80年代初到90年代初逐步形成群体，集中于半导体技术领域；③90年代中期之后全面开花，突出表现在互联网领域。

70年代的硅谷华人创业先驱以李信麟、虞有澄为代表。李信麟堪称硅谷第

---

① 《浙江省华侨志》编纂委员会编：《浙江省华侨志》，浙江古籍出版社，2010年，第112页；戴光中：《梦的追求——张济民传》，人民文学出版社，2004年。

② 福布斯：《全球亿万富豪榜》，2019年8月18日。

③ 王辉耀、康荣平主编：《世界华商发展报告》，中国华侨出版社，2017年，第12、94页。

一位华人创业家，在控制卡、打印机、硬盘、终端等领域颇为活跃，曾有“外设大王”的美誉，90 年代之后转向幕后。虞有澄毕业于斯坦福大学，曾创建名为“视脑”的公司，制造了第一代家用电脑。80 年代他受邀加入英特尔公司，主持开发了广泛应用于计算机的处理器——“奔腾”和“赛扬”系列，被人们冠以“微处理器之父”的称号。

80 年代到 90 年代初是硅谷第二代华人创业者的成长期，也是台湾留学移民在硅谷大显身手的时代。后来在半导体硅片行业拥有一席之地的华人高科技领军人物多是在 80 年代开始创业的，杜纪川和孙大卫就是其中的佼佼者。他们于 1987 年合作创办金士顿公司，最初只是单一内存芯片的生产者，逐步发展到拥有2 000多种储存产品，支持电脑、服务器、打印机、音频播放器、数码相机和手机等各类使用储存产品的设备。现今金士顿已经发展成为全球最大的独立内存产品制造商，在中国上海、台湾以及日本东京、韩国首尔、美国纽约设有生产基地。2013 年，金士顿在《福布斯》杂志的“全美私企 500 强”评选中位列第 48，这是金士顿第 11 次入选 500 强，也是第 7 次排名前 100 位。①

20 世纪 90 年代中期以来，新一代华人创业者如雨后春笋般涌现，主要专注于互联网的开发。其中的杰出代表是雅虎的创办人杨致远，另外还有陈五福、陈丕宏、段晓雷、李广益和陈宏等人。1994 年，杨致远与同学大卫 · 费罗合作开发出雅虎（Yahoo!）搜索引擎。1998 年，《福布斯》杂志公布的高科技百名富翁榜单上，杨致远跃居第 16 位，财富总额达 10 亿美元，成为互联网领域的华人首富，创造了硅谷华人的奇迹。② 2000—2006 年，雅虎一直霸踞全球互联网排名第一的宝座。此后涌现了更多的竞争者，雅虎最辉煌的时期过去。陈五福是一位非常成功的网络通信创业家和风险投资家，有“创业之神”之美誉。2000 年，他在硅谷成立了专门孵化通信技术新企业的橡子园创投公司，并与中国大陆合作。2002 年，他被美国创投杂志 *Red Herring* 评选为“全球十大创业家”之一。出生于台湾的陈丕宏于 1993 年创办了宏道科技公司，主要从事网络电子商务软件开发，被 400 多家跨国公司采用。1999 年，陈丕宏被《商业周刊》选为全球 25 位

---

① 根据金士顿公司网站和福布斯网站发布的信息综合整理；Kingston Website，https：//www. kingston. com/en/company/about - kingston。

② ［日］蔡林海著，李旭光等译：《鹫与龙：跨国公司战略与华人创新网络》，青岛出版社，2002 年，第 47 - 48 页。

杰出电子商务领袖之一；入选当年硅谷“十大风云人物”榜。[①] 中国大陆留美学人陈宏于1996年成功开发了“国际网络自动接入服务”软件，并以此为基础创建了国际漫游联网公司。该公司通过多元化网络通信服务的商务模式，向世界140多个国家的350家电子通信公司或ISP（Internet Senice Provide）提供服务。1999年该公司在纳斯达克上市。[②]

在生物医药行业，拥有“全球最富医生”“洛杉矶首富”光环的黄馨祥[③]（Patrick Soon-Shiong）是一位富有传奇色彩的人物。他祖籍广东，生于南非，获得约翰内斯堡医学院博士学位，毕业后到美国开拓事业。1990年他开始自创公司，专攻糖尿病治疗药品的研发，不久后其兴趣转向癌症研究，于90年代末创立了阿博瑞斯生物科技公司，从事抗癌新药的研发。2010年，他将阿博瑞斯公司80%的股份售出，转而成立Nanwork企业集团，旗下拥有多家医药公司。自2009年以来，黄馨祥一直位居“全球华人富豪榜”前列，而且雄踞美国华商榜首。就个人净资产而言，2013年，黄馨祥在“全球华人富豪榜”上排名第16位，2015年升至第5位，其个人净资产已超过100亿美元。财富的积累离不开黄馨祥在生物医药领域坚持不懈的创新，截至2016年12月，他拥有92项美国专利和138项国际专利。[④]

六、美国华人经济发展的特征

从上述分析可以看出，当代美国华人经济非常多元化，但又有一定的集中性。总体看来，华商企业呈现出“双轨并行”的独特性：一方面，以电子信息技术产业和生物医药行业为代表的高新技术产业，位于创新经济的前沿，成为新的经济增长点；另一方面，以中餐馆为主的“膳宿与食品服务”“零售贸易”和

---

① 与陈丕宏同时当选的华人还有另外三位：陈宏、李广益、段晓雷。

② ［日］蔡林海著，李旭光等译：《鹫与龙：跨国公司战略与华人创新网络》，青岛出版社，2002年，第49页。

③ 黄馨祥英文名为Patrick Soon-Shiong，华文媒体曾将其误译为“陈颂雄”，可能是由于他与妻子共同命名的慈善基金会“Chan Soon-Shiong Family Foundation”。

④ 黄馨祥的另一项惊人之举是于2018年以5亿美元收购了美国知名的主流报纸之一——《洛杉矶时报》（*Los Angeles Times*）。黄馨祥夫妇共同设立了家庭基金会，热心从事慈善事业，是响应比尔·盖茨和沃伦·巴菲特发起“慈善捐赠誓言”（2010）的首批40名亿万富豪之一。参见《美国华裔富翁黄馨祥完成收购 洛杉矶时报正式易主》，新浪网，https：//finance. sina. com. cn/stock/usstock/c/2018－06－19/doc－iheauxvz4232454. shtml，2018年6月19日。

“批发贸易”等传统行业仍然焕发出勃勃生机，延续了华商悠久的从业历史。在大浪淘沙的商海中，不乏富有敏锐眼光、开拓精神和坚忍不拔毅力的华商，最终成就一番大业。

一些富有实力的华人企业经营模式向多元化、现代化和跨国化方向发展，且与中国经济和科技发展的联系日趋紧密，形成“合作共赢”的新局面。周敏教授曾在《国际移民评论》上发表一篇文章，将“聚居区族裔经济”理论和“跨国主义”理论相结合，得出重要结论：在移民聚居区发展的族裔经济不是孤立无援的，而是与美国主流经济和全球经济，尤其是来源国的经济息息相关。华商企业中有相当一部分是跨国企业，它们的生存与成功在很大程度上可取决于与母国的联系，如从祖籍国获取原材料、企业、人力和市场资源等，使之更具竞争力和发展空间。①

实际上，在中国经济科技迅速腾飞的背景下，从美国华商企业近几十年的经营和发展方向看，无论是零售、批发（特别是进出口贸易）等传统行业，还是创新型的高科技公司的发展，都与中国的劳动力市场、消费市场、商品制造、科技创新等密不可分。尤其是知识水平高、眼光看得远、创新意识强、善用互联网的科技行业新华商在跨国经营中迅速崛起，其经济实力紧追东南亚华人富豪。

Two Parallel Tracks: Analysis of the Transformation and Development of Chinese American Economy and its Characteristics

Li Aihui

(School of International Studies & Academy of Overseas Chinese Studies, Jinan University, Guangzhou, 510632)

Abstract: Since the Mid-1960s, because of the technological improvement and industrial transformation, as well as the continual influx of Chinese new immigrants and the inflow of large amount of Overseas Chinese capital, the diverse sectors of Chinese

---

① ［美］周敏著，郭南审译：《美国华人社会的变迁》，上海三联书店，2006年，第4页。

American businesses have undergone different development dynamics. However, its main characteristics can be summarized as "Two Parallel Tracks". On the one hand, the labor-intensive Chinese enterprises, such as hand laundries and garment factories gradually declined, while the traditional main enterprises, such as Chinese restaurants and retail and wholesale business keep booming. And the Chinese banks, real estates developed quickly due to the massive Chinese capital investment and house demands of new immigrants, along with financial professionals and estate agents. On the other hand, the high-level talents who were mainly former Chinese international students from China Taiwan and Mainland, have established and managed a batch of quite competitive Chinese high-tech companies, by utilizing the technological innovations, venture investments in U. S., as well as the Chinese human capital and manufacturing capabilities. These burgeoning Chinese high-tech companies have become an indispensable pushing force of innovative knowledge economy era.

Key Words: new immigrants, Chinese American economy, transformation and development, traditional enterprises, high-tech companies

留学生是移民吗？

——兼谈海外华人研究领域的概念更新必要性

刘　悦*

【摘　要】 人口的迁移和人员的流动正在许多国家和社会加速成为常态，也是未来发展的不可逆趋势。这一转变的突出后果是，目前国际移民研究正面临着对传统的移民概念进行拓展的迫切要求。这一迫切性同样反映在中国的海外移民研究领域。一些移民术语和移民类型区分迄今还未得到国际法意义上的明确界定，甚至在相关学术话语乃至通用语体系中的理解也并不一致。本文试从一个较具时效性的概念“留学生移民”出发，对这一概念进行针对时效性的讨论，并将思考拓展至其他与中国海外华人研究相关的概念。

【关键词】 移民；留学生；中国海外移民

* 作者简介：刘悦，厦门大学外文学院教授（Email：liuyue@ xmu. edu. cn），主要研究领域为跨文化交流、文化身份认同、欧洲华人移民。本文为 2014 年国家社科基金项目“欧洲华裔新生代文化认同研究”（项目编号：14CMZ042）阶段性研究成果。

一、国际移民概念的与时俱进

移民在客观上是一种具有时间和空间属性变化的人口迁移活动，但“移民”的概念至今尚未得到国际法意义上的普适性具体界定，而是更多在学术研究和人口统计数据中得到应用。近代以来的国际移民研究理论发展主要从宏观视角入手，关注跨境人口迁移的成因和迁移趋势。[①] 移民研究核心问题为：“形成大规模移民的动因是什么？根据不同的动因，移民群体呈现出哪些发展态势？”在经过数十年发展后的全球化已经成为一种普遍共识的当前，人类正在经历传统的思维和行为模式受到前所未有的剧烈冲击的时代。在跨境迁移成为常态、人口流动性加剧的大环境下，各国（尤其是发达国家）政府均已意识到人才流入对于提高国家竞争力的重要性，纷纷出台政策以吸引高技术移民，防止人才外流。基于此，移民研究领域新的核心问题出现：“如何才能吸引人口（人才）流动？如何才能促进人口（人才）流动?”

人口的（跨境）迁移和人员的（跨境）流动已经在许多国家和社会成为常态，其突出后果是，目前国际移民研究需要应对对于传统或者已有的移民概念进行拓展的迫切要求。目前各国乃至国际组织根据自身界定移民的法律和统计需要，对于界定国际移民的国籍背景和居留时间要求有着不尽相同的规定。较有普适性的移民概念可以参见联合国或国际移民组织的相关界定。但实际上，对于国际移民的界定也经历了与时俱进的变化。联合国经济社会事务统计局早在 1953 年就如何进行“国际移民数据统计”提出了标准化建议，认为国际移民群体主要是“以长期居留为目的并在他国住满一年以上”[②] 的人，后来在 1998 年发布的《国际移民数据统计建议》（下文简称《建议》）又对国际移民的定义进行了修正，建议将“移民”（migrant）一词理解为“涉及出于‘个人便利’的原因并

---

① 人口迁移的经济动因始终是传统移民理论的最重要关注焦点，从 20 世纪 60 年代的新古典主义经济理论、70 年代的世界体系理论、80 年代的移民网络理论到 90 年代的新经济移民理论，均重点关注经济因素对于移民的决定作用。近年来随着跨国主义等新研究视角的崛起，移民研究经历着从传统的单向流动研究向双向乃至多向的跨国流动范式转变，但这种转变仍带有宏观视野的深刻烙印，着重从群体性特征中探寻解释人口迁移的动因和趋势的模式。参见 Massey, Douglas S. , et al. , “Theories of international migration”, *Population and Development Review*, Vol. 19, No. 3, 1993, pp. 431 – 466；周敏、黎相宜：《国际移民研究的理论回顾及未来展望》，《东南亚研究》2012 年第 6 期，第 56 – 62 页。

② 李明欢：《国际移民的定义与类别——兼论中国移民问题》，《华侨华人历史研究》2009 年第 2 期，第 2 页。

且没有受到外部强制因素干预的、个体自由决定迁移的所有情况”[①]，并将国际移民进一步区分为“长期移民”和“短期移民”，长期移民为“迁移到其祖籍国以外的另一个国家至少一年（12个月）以上，迁移的目的国实际上成为其事实上的新的常住国”；短期移民则为“迁移到其祖籍国以外的另一个国家至少3个月以上，一年（12个月）以下。但如果出国目的是休闲度假、探访亲朋、经商公务、治病疗养或宗教朝拜，则不包括在内”[②]。《建议》在发布后成为许多国家统计移民数量的标准依据，目前仍在发挥重要作用。根据《建议》，“移民”的定义明确将“难民”排除在外，并且未将属于“非自愿迁移”的人群并入移民群体。同时《建议》对于国际移民身份界定的最主要依据是其在非祖籍国停留时间的长短，其次是目的，而后者并非真正强调移民迁移的主观目的，仅仅是为了排除旅游、公务、疗养、朝拜等短期流动的并不对移民生活重心转移形成决定意义的目的。

国际移民组织（IOM）2019年对“移民”的定义是：“离开其常住地的人，无论是在国家边境内或者跨越国家边境，无论暂时还是永久，其原因可以是多种多样的。”[③] 对比该组织在2004年对于“国际移民”的定义：“国际移民系离开本人之祖籍国或此前的常住国，跨越国家边界，为了定居性目的而永久性地，或在一定时期内生活于另一国家的人”[④]，不难发现，国际移民组织对于移民的主观迁移目的的限定有了较大的变化，同时更进一步强调“常住地”而非祖籍国（地）的概念。这一限定范畴的转变显然更为契合当前社会的行为模式转变。相较传统农耕社会中生于斯长于斯、安土重迁的典型行为模式，今天的人们几乎在每一个重要的人生路口都拥有比前工业化社会多得多的选项，同时也需要承受一些个人无法左右的非自愿迁移因素。比较联合国1998年的移民定义建议与国际移民组织最新的移民定义，可以发现，2019年国际移民组织对“移民”的最新定义对移民身份的内涵赋予了更大的宽容度，不去限定迁移的目的和时长，而仅

---

① http://www.unesco.org/new/en/social-and-human-sciences/themes/international-migration/glossary/migrant/，2019年8月18日，译文来自本文作者。

② 李明欢：《国际移民的定义与类别——兼论中国移民问题》，《华侨华人历史研究》2009年第2期，第2页。

③ IOM，*Glossary on migration*，IML Series No. 34，2019. 译文来自本文作者。

④ IOM，*Glossary on Migration*，2004，p. 33. 转引自李明欢：《国际移民的定义与类别——兼论中国移民问题》，《华侨华人历史研究》2009年第2期，第2页。

仅从客观上判断是否有离开常住地的行为发生。

相对于上述官方组织对于“移民”的差异性界定，一些传统意义上重要的国际移民术语，如移民劳工、偷运移民等，因其对于尤其是移入国的移民/难民政策制定有着重要的影响，在许多国家的相关法规中已得到明确界定。但仍有相当数量的一些移民术语迄今还未得到国际法意义上的明确界定，甚至在相关学术讨论乃至通用语的话语体系中也没有得到统一的理解。其中一个较具代表性的例子就是留学生移民（student migrant）。[①]

二、留学生是移民吗

在迄今的中国海外移民研究中，一些研究将留学（生）移民明确列入海外华侨华人群体，[②] 而为数更多的另一些研究则倾向于笼统地讨论“海外华侨华人”群体的特点，或在论述中虽未进行具体界定，但论述涉及的目标群体基本为与留学生无关的非技术性移民群体。在关注文化身份认同的人文研究领域，更不乏观点认为，留学生和移民是两个截然不同的概念。[③] 这种观点的根据是，“留学”与“移民”是两种迁移动机驱动下的群体。留学生是否属于移民？下文将从移民概念和移民类型区分两个层面进行讨论，并以此为出发点兼谈更新中国海外移民研究中一些时效性概念的必要性。需要清楚指出的是，由于语言体系的区别，一些在中文语境中常见的移民话语使用并不能直接和英语语境中的相关词语使用画上等号，甚至在中文语境中也存在容易被混淆的理解。从字面意思来看，

---

① 如国际移民组织在定义“移民”时明确指出，国际留学生（international students）迁移的状态和方式仍未得到国际法的专门界定，参见 https：//www. iom. int/who－is－a－migrant，2019 年 12 月 1 日。

② 例如弗兰克·尼古拉斯·皮克（Frank N. Pieke），李明欢译著：《欧洲华侨华人概况》，《华人华侨历史研究》1997 年第 2 期；李其荣：《1965 年以来美国华人新移民的特点》，《华中师范大学学报（哲学社会科学版）》1997 年第 5 期；宋全成：《欧洲的中国新移民：规模及特征的社会学分析》，《山东大学学报（哲学社会科学版）》2011 年第 2 期；庄国土：《全球化时代中国海外移民的新特点》，《人民论坛：学术前沿》2015 年第 8 期。相关研究中对于留学生移民的重视程度整体仍非常有限，多见于对改革开放后移民海外的新移民群体的概述，总体上仍未出现将留学生移民与高技术移民相关联的综合研究，并在对近现代中国海外移民群体的论著中鲜有将留学生移民视为海外华人移民重要组成部分进行论述（在欧洲华人移民研究领域，李明欢的《欧洲华侨华人史》为明确将求学欧陆的留学生视为近现代欧洲华侨华人历史重要组成部分的重要论述，近年来刘悦的《德国的华人移民：历史进程中的群体变迁》则依托德国作为近现代中国留学生的重要目的国的背景对留学生群体对于德国华人社会与形象的作用进行了探讨）。

③ Wang，Gengwu，Liuxue and Yimin：From Study to Migranthood，In Mette Thuno（Ed.），*Beyond Chinatown：New Chinese Migration and the Global Expansion of China*，NIAS Press，2007，p. 165.

“留学生移民”也可以指以“留学”为名行“移民”之实的行为，[①] 但这并非本文要探讨的现象。

如果按照国际移民组织最新的移民概念，只要个体改变自己的生活重心超过被界定为旅游、朝圣、医疗等目的进行迁移的一定期限，就可以被视为移民，那么出于留学需要必须在较长的一段时间内将自己的生活重心区域进行迁移的留学生无疑完全属于移民之列（具有“留学生移民”状态）。基于长期移民与短期移民的概念，留学生群体往往在留学目的国停留时间超过一年。因此，尽管留学生的流动性较普通移民更大，但由于长期处在祖籍国之外，仍是移民群体中相对较为稳定的组成部分。

在刻上“人才流失”和“人才争夺”烙印的经济全球化时代，移民的层次有了很大的拓展，其中一个与近年来各重要工业国家的人才战略相关的重要概念是高技术移民。高技术移民区别于非技术移民或者普通技术移民之处在于对其专业能力和资质的强调，与之相关的针对移民迁移的核心问题是：高技术移民是如何成为高技术“移民”的？纵观中国在改革开放以后的海外移民历史，存在一个不争的事实：除了少部分在国内完成专业能力的培训，直接以“高技术移民”身份移民海外的人群，大部分“高技术移民”都是经由“留学生”转变而来。数据显示，在改革开放后移民海外的华人移民中，持工作性质、团聚性质和学习性质迁移人群的数量最为集中。[②] 事实上，留学生群体在中国近现代至今的中外社会文化交流中就一直扮演着不可或缺的角色，尤其在美国、英国、德国、法国等以优质的留学资源为主要移民吸引力之一的国家，留学生群体对当地华人移民历史、社群组成、华人形象的作用均不可忽视。

此外，尽管“留学生移民”在目前的国际法体系中尚未被明确界定为移民类型，但在很多国家的移民数据统计中，实际上已经包含了国际留学生的数据。例如德国的移民数量统计等同于对于具有“移民背景”群体的统计，具有移民背景的人指自己或者其父母中的至少一方出生时并不具有德国国籍的人。[③] 同

① 事实上，在近年来一些国家重视高端人才引入、收紧普通移民政策的大背景下，一些国内的移民中介也在宣传通过留学达到移民目的的可行性。

② 李明欢：《国际移民政策研究》，厦门大学出版社，2011 年，第 273 – 274 页。

③ Statistisches Bundesamt, *Pressemitteilung Nr.* 329 *vom* 5. *September 2018*, https://www.destatis.de/DE/Presse/Pressemitteilungen/2018/09/PD18_329_122.html, August 10, 2019.

时，在国际移民研究实践里，由于对移民类型的划分并没有任何强制性的普遍适用标准，留学生移民术语实际存在基于移民类型划分的差异化使用。如在联合国教科文组织的一份出版物中，澳大利亚国际移民学者 Castles 基于“在某个最低时间跨度中跨越政治或者行政单元的界限”行为的移民定义，将移民（包括国际移民）的类型分为：①临时性劳工移民，包括客籍工人和海外合约工人；②高技术移民和商业移民；③非常规移民，或称无合法身份移民或非法移民；④难民；⑤寻求庇护者；⑥非自愿移民，包括躲避灾难者，宽泛意义上也包括难民和寻求庇护者；⑦家庭团聚者；⑧回流移民。[①] 我国国际移民学者李明欢则根据迁移的目的将国际移民的重要迁移类型分为六种：①工作性迁移，包括技术移民、合同移民工、季节性移民工、非固定移民工、项目制移民工、边境工人、往返流动移民工；②团聚性迁移，包括“家庭团聚”类移民，回归移民、“难民”回归等；③学习性迁移，包括前往国外学习的留学生、有期限的培训项目参加者等；④投资性迁移；⑤休闲性迁移，如“跨国养老”参与者；⑥托庇性迁移，包括寻求庇护的难民以及通过迁移实现跨国避税的参与者。[②] 在 Castles 的分类中并未包含与学习目的相关的迁移行为，而根据李明欢的分类，以留学为目的进行迁移的留学生（包括在外国学习时间超过 3 个月的短期交流学生）则明确属于国际移民的一个重要组成部分。基于不同类型的迁移可以互相转化的特点，出国留学的学生在学业持续期间持相关的具有合约性质（学习）的居留许可，但在学业结束后进入了留学目的国的就业市场正式就业或者自行创业并获得了相关居留许可，就完成了迁移类型的转变。[③]

总结而言：第一，在今天的国际移民共识框架下，界定移民群体的判断标准并不在于迁移者的（最初）动机以及是否存在对于迁移时间的心理预期，而是仅仅基于迁移的客观事实。第二，海外留学生群体已经非常显性地构成了中国海外高技术移民的一个重要组成，承认海外留学生中的一个不小的部分事实上是潜在的高技术移民群体，有助于我们在高技术移民领域的国际政策对比和国际竞争

① Stephan Castles, “International Migration at the Beginning of the Twenty-first Century: Global Trends and Issues”, *International Social Science Journal*, Vol. 165, 2000, pp. 269 –271.

② 李明欢：《国际移民的定义与类别——兼论中国移民问题》，《华侨华人历史研究》2009 年第 2 期，第 4 –7 页。

③ 李明欢：《国际移民学研究：范畴、框架及意义》，《厦门大学学报（哲学社会科学版）》2005 年第 3 期，第 45 页。

力框架构架方面得到更加客观的数据，形成更为客观的判断。因此，今天的中国国际移民研究里应该明确地将留学生群体归入移民行列。

三、中国海外华人研究的一些独有概念及存在的问题

除了留学生移民问题，时效性术语存在的与时俱进问题在海外华人研究领域似乎尤为迫切。中国移民研究学者李明欢在2009年就已指出，中国海外华人研究中的一些概念与国际移民研究的大背景有所出入，需要将中国的移民研究视为国际移民研究的一个具有特色，但并非封闭体系的一部分，进行概念上的接轨和更新。[①] 在中国海外移民研究领域，存在不少需要从内涵上依托中国海外移民历史的特殊性进行理解的概念。一个典型的例子就是“华侨华人”的概念。

对于海外华侨华人群体的理解，从中国近代第一次大规模移民至今经历过不同阶段。最早根据血缘关系进行划分的法律基础为1909年清政府颁布的《大清国籍条例》及国籍条例实施细则。根据这一法规，所有移居外国的中国人或者在侨居国出生的中国人后裔，无论其是否取得所在国国籍，均被视为“华侨”。中华人民共和国成立初期沿袭了这一规定。随着1955年中国政府在万隆亚非会议期间与印度尼西亚政府签订了解决双重国籍问题的条约，正式宣布中国废除双重国籍政策，“华侨”的含义也发生了变化。加入了侨居国国籍、取得侨居国护照的华裔群体不再归入“华侨”行列。[②] 直到20世纪90年代，海外华人群体往往被区分为“华人”（居住在海外的原中国人，无论其国籍是否更改）和“华侨”（居住在中国以外国家的中国公民，且最终打算回国者）。[③] 1991年1月1日起实施的《中华人民共和国归侨侨眷权益保护法》对“华侨”进行了具有法律效力的界定。该法第二条明文规定，“归侨是指回国定居的华侨。华侨是指定居在国

---

① 李明欢举例，中国科学院《2007年：全球政治与安全报告》以中国有“3 500万”华侨华人为据，认为中国是当代全球最大移民国的说法，是一种“典型错误”。参见李明欢：《国际移民的定义与类别——兼论中国移民问题》，《华侨华人历史研究》2009年第2期，第2页。事实上，以千万计的海外华人数量在很大程度上是一种中国对于海外华侨华人（包括第三代以后的华裔）的独有统计方式，无法反映人口迁移的实时状况。

② 桂世勋：《海外华侨华人及其对祖（籍）国的贡献》，丘进主编：《华侨华人研究报告（2011）》，社会科学文献出版社，2011年，第52页；1980年，第五届全国人民代表大会第三次会议通过了《中华人民共和国国籍法》，正式规定中华人民共和国不承认中国公民具有双重国籍。

③ 王赓武：《华人与中国》，上海人民出版社，2013年，第317－318页。

外的中国公民”[①]。但该法对于“定居”的具体含义并未进一步明示。在实际操作中，侨务部门将除因公出国人员以外的“虽未取得住在国长期或者永久居留权，但已取得住在国连续5年以上（含5年）合法居留资格，并在国外居住的中国公民视为‘定居’”。[②] 根据这一原则，海外华人群体被认为是移居海外的、与中华民族具有血缘关系的、不属于“华侨”的群体。

直到20世纪90年代末，海外华人群体还往往被区分为“华人”和“华侨”。进入21世纪之后，对于“华侨”和“华人”的区分才开始被逐渐忽略，原目标群体逐渐被笼统称为“海外华侨华人”。目前国内学界讨论中的“海外华侨华人”常指：在海外常住达一年以上的（单次居住时间超过3个月），拥有中国国籍或港、澳、台永久居民资格的中国人，以及已加入移居国国籍的华人及其后裔。根据国务院侨务办公室的统计，2014年有超过6 000万海外华侨华人。[③] 庄国土的研究显示，2007年，78%的华侨华人分布在东南亚；北美（14%）和欧洲（5%）各占海外华侨华人分布的第二及第三位。[④] 而据联合国经济和社会事务部的统计，2013年的中国海外移民存量（不包括移民后代）为934.25万人。[⑤] 很明显，6 000万海外华侨华人的数字是将自近现代以来移民海外（以东南亚为主）的华人的后裔计算入内得出的，但并不明确的是统计包括自一代移民移出后的几代后裔。与之形成对比的是，移民的第三代在国际移民数据统计中原则上不再纳入具有移民背景的人群之中。[⑥] 从时间上看，从19世纪中期开始的最早一次中国海外移民潮开始，第一代中国海外移民的代际传承早已超过百年、跨度四代以上，6 000万海外华侨华人的数字更多反映的是在文化心理而非国际通用的移民群体意义上的海外华侨华人的存量。其中不仅包括王赓武所言具有“华

---

① 国务院侨务办公室：《中华人民共和国归侨侨眷权益保护法》，http：//www.gqb.gov.cn/node2/node3/node5/node9/userobject7ai1272.html，2019年1月1日。

② 桂世勋：《海外华侨华人及其对祖（籍）国的贡献》，丘进主编：《华侨华人研究报告（2011）》，社会科学文献出版社，2011年，第52页。

③ 《裘援平：现在海外华人华侨有6 000多万分布在198个国家和地区》，2014年3月5日，国际在线，http：//news.cri.cn/gb/42071/2014/03/05/107s4450353.htm，2019年8月1日。

④ 庄国土：《世界华侨华人数量和分布的历史变化》，《世界历史》2011年第5期，第14页。

⑤ 王辉耀、苗绿：《海外华侨华人专业人士报告（2014）》，社会科学文献出版社，2014年，第166页。

⑥ Ingrid Jungwirth, et al.,“Hochqualifizierte Migrantinnen an die Spitze!”, In Bundesministerium für Bildung und Forschung, *Arbeitsmarktintegration hochqualifizierte Migrantinnen – Berufsverl äufe in Naturwissenschaft und Technik*, 2012, p.5.

人属性”的群体，也包括从身份认同上对于“身为华人”还是“变得不是华人”[①] 有不同选择的人群。此外仍有一些特殊群体，如父母一方为中华民族成员的跨种族婚姻家庭的后代是否属于华人，则仍无统一定论。同时在东南亚国家的华人后代再移民（如欧洲在20世纪70—80年代接收的越南“船民”中的很大一部分）从宽泛的“华人”概念来看大体仍可以归入华人群体，但在实际的华人移民研究中则鲜少获得基于群体属性的关注。

相对于“海外华侨华人”这一针对存量的概念，某种程度上与国际移民研究术语体系接轨程度更高的是“海外移民”概念，后者旨在统计增量的变化。宋全成称，我国侨务部门对于“海外移民”的概念使用范围为：移居到其他国家并在居住国居住1年以上，包括获得所在国长期居住权或“绿卡”的、拥有中华人民共和国国籍的中国大陆公民，不包括移居海外的香港、澳门和台湾等地区的居民，同时也不包括已加入外国国籍的中国人。[②] 但在学术研究中，学界普遍接受的中国海外移民概念也包括移居境外的香港、澳门和台湾地区的移民，并且包括已加入外国国籍的华人及其后裔。

一些具有中国文化特色的术语在世界移民研究领域中并没有横向的可比性，如“华侨”或者“侨民”“侨胞”等。按照《新华字典》的解释，侨字意为“寄居在外地/外国”，侨居海外一定意义上等同于旅居海外，背后蕴含的意义是由于某种不得已的原因背井离乡，内心仍然做好准备有朝一日回归故里，结束客居他乡的生涯。传统的中国海外移民常常将自己视为侨民，在彼此身份定位一致的前提下，在侨民或者华侨的圈子里会催生出一些特殊的亚文化圈子，例如“越南华侨”“金山客”等涵盖一批背景相似、诉求相同的移民群体，当事者在以这些身份自居时，无形中强化了彼此的共同记忆，并借此维系彼此之间以及侨民和侨乡之间的一种紧密联系。传统华人移民移入地多有地方/宗亲会馆的出现，就是一种帮助侨民在异国他乡找到共同属性，建构有助于圈子成员在他乡站稳脚跟的行业“小生境”[③] 的有效手段。“华侨”和“侨民”概念，以及随之衍生的

---

① 王子昌：《问题与方法：略论王赓武先生的海外华人研究》，《东南亚研究》2013年第5期，第72页。

② 宋全成：《欧洲中国海外移民的规模、特征、问题与前景》，王辉耀编：《中国国际移民报告2014》，社会科学文献出版社，2014年，第192页。

③ ［美］孔飞力著，李明欢译：《他者中的华人：中国近现代移民史》，江苏人民出版社，2016年，第41页。

“侨乡”概念，折射出术语背后的一种与身份认同相关的抉择心态。而在跨国主义崛起的背景下，海外华人群体中通过“持续的与经常性的跨界交往”构建移居国和祖籍国之间多重关系的“跨国华人”① 身份成为尤其在新移民中代表性日增的现象。突出个体作为某种文化伦理体系的成员与文化身份归属感相关心态的“侨民/侨居”的概念，在“跨国华人”环流的语境下逐渐呈现出对新趋势解释力不足的局限性。

另一个需要得到更多关注的概念是“华裔新生代”。尽管在移入国的统计中，中国第一代移民从第三代开始的后代通常不再被纳入中国移民群体。但在海外华人圈子内，不少第三、第四甚至是第五代中国移民后裔还主动维系“华人”后裔的文化形象②，如果将这些三代以外的华人后裔按照国际移民统计惯例排除在外，显然难以满足对于具有华裔背景人群文化心理和文化行为模式的研究需要。传统华人移民移入地如东南亚、北美等的华人移民由于代际传承时间长，新生代华裔距离移民第一代祖先已经在三代以上，其对于中国文化的接近很多时候仅限于家族的“祖籍”记忆，对祖籍文化无法形成与移民第一代相提并论的捆绑感。自 20 世纪 80 年代以后形成的中国海外新移民潮的第一批参与者至今普遍已经有了成年的第二代，第三代也已开始出现。这些成长在和平年代和中国国力崛起时代的华裔后代也很难培养出和祖辈相提并论的家国情怀。基于此，传统移民群体“华人属性”传承的代际问题在新移民群体中也即将成为不可忽视的现实。一份针对欧洲华人政治参与的研究报告③发现，在欧洲主要国家的华人政治参与中，除了具有高技术背景的华人新移民，华人移民的第二或第三代后代发挥着重要的作用。华人移民后代在文化思维和文化行为上尽管保留了相当多的华人属性，甚至还会附加具有祖籍地域特点的行为模式，但这一认同在与移入国的公民身份认同相碰撞时，呈现出某种较为明显的博弈关系。

另外在改革开放以后出现的海外新移民潮中，出现了一些较之传统移民潮更为多见的、与国际移民环境变迁紧密相关的新现象：一些华人移民的第二代在父

---

① 刘宏：《战后新加坡华人社会的嬗变：本土情怀·区域网络·全球视野》，厦门大学出版社，2003 年，第 215 页。

② 知名的海外中国移民后代有美国前驻华大使骆家辉（美国华人移民第三代）和新加坡总理李显龙（新加坡前总理李光耀之子，新加坡华人移民第五代）等。

③ 刘悦、国懿：《欧洲华人政治参与状况及其发展趋势》，《2015—2017 年度中华全国归国华侨联合会课题研究报告》，2017 年。

辈的移居国出生，但被送回祖籍国抚养至一定年龄再回到移居国；一些则出生在祖籍国，在成年之前持家庭团聚签证回到身处移居国的父母身边；一些华人移民二代虽然从出生起一直没有离开移居国，但在成年前一直持中华人民共和国护照，或者成年以后继续选择保留中国国籍。显而易见，在不同情况下成长的华人移民后代的生活轨迹和政治经济社会背景都大不相同。海外华人圈子中常见的“华二代”称谓只能覆盖第二代，在移入历史久远的地区不能适用于对第三代（或以上）的华裔群体进行学术讨论，按照前文所说的文化身份出发原则，“新生代”概念似是对当前华人移民后代群体覆盖性最强的一种方案。

华裔新生代群体的生活背景复杂性也给“土生土长”“土生华人”等话语的使用带来了反思：即使是改革开放后的新移民的后代也开始传承至第三代；一些移民第一代的后代出生在中国，在移居国只是“土长”而没有“土生”，反之亦然。此外，成长背景的差异使得同龄的华裔新生代群体里也会衍生出亚文化圈子，这使得“ABC”（美国出生的华裔）等强调出生地的术语在某些语境下失去严谨性；一些华裔新生代根据移居国的政策可以自由选择国籍，这使得类似于 French Chinese（法籍华人）这样强调国籍的表述也无法避免得此失彼的局限。

综上所述，笔者认为，在相关研究领域，更适宜从新生代的“华裔”身份而非“华侨华人”身份出发来发展研究视角。只有这样才能摆脱“落叶归根”和“落地生根”的非此即彼视角，转而从探讨文化融合模式和文化价值观共同体的角度去审视华人移民后裔群体的状况及其发展趋势。因此在现阶段，“华裔新生代”应是对海外华人移民的后代更具学术研究实用性和适用性的表述。

四、总结及展望

本文从对“留学生是移民吗？”这一问题的提出和肯定回答出发，对中国海外华人研究领域一些已有概念进行更新的必要性进行了探讨。海外华人的移民历史与文化价值观较之其他大的国际移民族群有着鲜明的特点。从近代第一次大规模海外移民至今，华人有规模移民的历史已有 150 年以上。诚然，华人后裔中的很多人直至今日仍在文化认同上保留着和中国文化千丝万缕的联系，但从国际移民研究的角度看，是否及应如何清晰界定海外华人研究领域一些概念的适用性，一方面涉及区分海外华人存量和中国海外移民增量的统计学问题，另一方面涉及应以一种怎样的态度来看待和海内华人拥有共同文化根源的海外华人群体，二者从战略和实际操作上均不可混为一谈，是新形势下需要侨务工作部门重视和解决的挑战性问题。

在关注社会融合和文化身份认同领域的研究中，应更多使用与国籍身份无关的华裔概念。海外华人群体中的华裔新生代对于华人移民在移居国的融入和文化心理变迁的研究具有重要的意义。基于文化认同研究中对文化心理而非生物基因的重视，华人后裔的代际在文化身份认同研究中往往不做进一步界定。但在文化学之外的研究视角，模糊处理代际问题却往往意味着统计方式出现巨大差异的可能，以及面临笼统化对待规模庞大、地区和代际差异巨大的华裔群体的风险。

除了文中的例子，还有一些新的现象需得到进一步重视。在 1978 年至 2015 年中国大陆实行“独生子女政策”期间，一些移居海外的新移民中不乏将生育意愿作为移民动因的个体，这一部分“生育移民”群体的数量虽然无法准确估计，但也不应完全忽视。近年来笔者在一些田野调查中也发现，在年青一代的移民群体中，也出现了一些与婚姻制度和生活方式相关的迁移动机。个体生活重心的客观状态变化如果说是移民概念的恒量，那么移民动机的拓展就是移民概念的变量，需要与时俱进地跟踪和拓展。

Are international student migrants?

——Thinking on the necessity of conceptual renewal in overseas Chinese studies

Liu Yue

(College of Foreign Languages and Cultures, Xiamen Universtiy, Xiamen, 361005)

Abstract: The migration of people and professionals has increasingly become a normal case in many countries and societies, which is also an irreversible trend for future development. One of the consequences of this transformation is that the research on international migration is now facing the urgent need to update the traditional terms of migration, which is also reflected in the field of overseas Chinese research. Certain terms have not yet been clearly defined by international law, and even the understanding in relevant academic discourses and common language use is not consistent. This article intends to initiate the relevant discussion from the contemporary concept of "international student migrants" and extend the discussions to other concepts related to overseas Chinese studies.

Key Words: international migration, student migrant, overseas Chinese

社会科学中双重社会化的案例分析

——基于中国学者在法国受教育经验

[法] 纪　野　[法] 王思萌*

（译者：李玉蓉　张梓怡）

【摘　要】本文探讨了随着社会科学国际化而产生的认识论问题。一些中国学生在法国接受社会科学教育后会回到自己的国家继续深造研究，认识论问题与这类案例息息相关。本文的目的是探究在不同的两个学术圈子之间，认识论的差异是否会导致在多面的科学社会化上出现专业上的难题。尽管我们在定性调查上已经发现了一些区别，但在认识论层面上，关于职业机会实用性的问题还是没有得到明确的划分。

【关键词】国际化；社会科学；中国学生；科学社会化；认识论；高等教育

* 作者简介：纪野（Gilles Guiheux），巴黎狄德罗大学塞斯玛分校教授（Email：gilles. guiheux@ univ-paris-diderot. fr）；王思萌（Wang Simeng），法国国家科学研究中心（CNRS）研究员（Email：simeng. wang@ cnrs. fr）。

一、引言

科学活动的国际化通过许多不同的形式实现：研究者们参加国际会议，参加跨境合作研究项目，或者建立一个国际研究计划。这取决于一系列的资源，比如专业的组织、科学网络、期刊、出版社、高校之间的联系、来访学生和学者的奖学金与差旅费等。和自然科学相比，人文社会科学更加受当地社会、政治和历史背景的影响。因为研究人员的工作语言主要是他的当地语言，并且公共需求通常与特定的国家总体方向的问题有关，因此我们可以推测，人文社科有着更具国民性的认识论。

与此同时，国际的科学交流不是偶然的，它们产生在知识领域的权力和统治的关系之中。在社会科学领域，赛义德·法里·阿拉塔斯（Syed Farid Alatas）（2003）设置了三个不同的区域。[①]“中心区”是美国、英国和法国。这几个国家是各种理论诞生并随之传播到全世界的地方。它们深入参与了国际合作，有着自己的一套方法进行社会科学研究：在本国的立场上详细阐述概念，遵循并掌控研究议程，在此基础上，它们能够在工作中使用自己的语言。与此相对的是社会科学的“次要区”，该区域包含了在科学上处于从属地位的国家。这些国家主要来自南半球，它们向“中心区”借来自用的研究议程、理论和方法。自21世纪起，它们的目标不是成为输出国，而是要将输入的研究议程调整到适应本国的国家背景。最后，在“中心区”和“次要区”之间还有一个“半次要区”。“半次要区”主要是澳大利亚、日本、德国和荷兰。由于这些国家处于过渡区，它们肯定会依赖于中心区国家，但它们对在科学上处于次要区的国家也有着巨大的影响力。

据某些国家的科学界来看，社会科学国际化的方向各有不同。这种差异尤其受到南北半球国家之间历史统治关系的影响。所以，国际的科学交流是以持续的合作形式为基础的，这种合作形式建立在国家间的历史关系上，尤其是殖民地和

---

① Syed Farid Alatas, “Academic Dependency and the Global Division of Labour in the Social Sciences”, *Current Sociology*, Vol. 51, No. 6, 2003, pp. 599 - 613.

殖民者的关系。① 然而，新的大学势力正在崛起，其中不仅包括了马格里布国家，② 还有马来西亚、韩国、古巴，甚至南非，这在一定程度上让旧的知识等级受到质疑。③ 这些国家的知识形式及其合理性为这些多极的影响奠定了基础，有时可作为地缘政治的标准。④

除此之外，已经广为人知的社会科学无论是从方法论还是从理论上来说，都植根于欧洲和北美的环境中，因此通常难以快速被非西方环境的国家接受。尽管过程艰难，一些欧洲和北美社会科学的分支还是尝试脱离帝国主义的影响。拿劳伦斯·罗兰－伯格（Laurence Roulleau-Berger）来说，她从底层研究、后殖民研究和针对欧洲中心论的批评中汲取灵感，提出了“后西方社会科学的发明”的观点。⑤ 在一个由许多不同国家背景学者共同参加的项目中，大家会有不同的观点，但各自是平等的。在这种时候就需要在认识论的基础上对该项目进行审慎的思考，这同时也是本文的核心问题。

如果以专门研究中国的西方研究为例，在过去三十年中，它们经历了重大的变化。这些专题著作和研究的目标读者不再是重地缘政治的人。⑥ 中国如今也和其他地区一样，成了研究的对象。专门研究中国问题的社会科学家们，不管是中国的还是外国的，都在使用相同的研究方法和相近的理论参考。⑦

---

① Stéphanie Garneau and Sylvie Mazzella, “Transformations des mobilités étudiantes sud-nord: approches démographiques et sociologiques” (The transformations of South-North Student Mobility), *Cahiers québécois de démographie*, Vol. 42, No. 2, 2013, pp. 183－200.

② Sylvie Mazzella (Ed.), *La mondialisation étudiante. Le Maghreb entre Nord et Sud* (*Student Globalisation. The Position of Mahgreb between North and South*), PKarthala, 2009.

③ Étienne Gérard and Jean-François Cornu, “Dynamiques de mobilité étudiante Sud-Nord: une approche par les pôles internationaux de formation de l' ‘élite' scientifique mexicaine” (Dynamics of South-North Student Mobility), Cahiers québécois de démographie, Vol. 42, No. 2, 2013, pp. 241－72; DEDIEU, Jean-Philippe, “Les élites africaines, enjeu de la diplomatie scientifique des États-Unis” (African Elites: a Challenge for the United States' Scientific Diplomacy), Politique étrangère (Foreign diplomacy), No. 1, 2003, pp. 119－131.

④ Étienne Gérard and Anne-Catherine Wagner, “Introduction: Élites au Nord, élites au Sud: des savoirs en concurrence?” (Introduction: Competing Knowledge from North and South Elites?), Cahiers de la recherche sur l'éducation et les savoirs, Vol. 14, 2015, pp. 7－24.

⑤ Laurence Roulleau-berger, “Sciences sociales ‘postoccidentales': de l'Asie à l'Europe” (‘Post-Western' Social Sciences: From Asia to Europe), Socio, Vol. 5, 2015, pp. 9－23; Roulleau-berger, Laurence, Désoccidentaliser la sociologie. L'Europe au miroir de la Chine (De-Westernising Sociology. Europe in the Mirror of China), Éditions de l'Aube, 2011.

⑥ 在美期间，外交官们和军方人员在中国汉学和区域研究上提供了专业的帮助，我们铭记在心，以表感谢。

⑦ 这是洛卡（Rocca）和罗兰·伯格（Roulleau-Berger）等人（2008）得出的结论之一。

本文以在法国接受社会科学教育后回国从事高等教育和研究事业的中国学生为例，探讨社会科学国际化中的认识论问题。自20世纪80年代起，海外留学背景越来越成为进入中国精英阶层的“敲门砖”。[①] 在海外留学接受高等教育被认为是有利的，也受到国家政策的支持鼓励。[②] 以往对中国政府来说，留学是为了获取知识以改变中国发展落后的局面，也就是说当国家面临诸如城市化、人口迁移和社会人口流动等社会变化时，社会科学对制定计划非常重要。但近几年来这一目标发生了明确的改变，留学成了稳固中国作为世界科技强国，或如阿拉塔斯划分的“中心区”国家地位的一种方式。

鼓励学生和高端人才求学海外的现象并不仅仅发生在中国。联合国教科文组织提供的数据显示，从1975年到1995年间，全球海外留学生的数量从80万人增加到了170万人。[③] 截至2013年，留学生人数达到了410万。也就是说在将近40年的时间里，留学生人数翻了不止4倍。学生留学海外这一现象是由诸多社会因素造成的，其中不仅包括教育服务已经实现了市场化，拥有了更高的自由度，还包括建立了全球高校分类系统，制定了服务于接收海外学生、移民及归国人才的政策。

以中国为例，2016年有544 000人求学海外，其中30 000人由国家资助；16 000人由企业出资；还有482 000人自费留学，占总人数近89%。在2015年至2016年，法国是留学生接收大国，位列全球第七，接收了占总数2.8%的中国海外留学生，但远落后于美国（32.9%）、加拿大（12%）、英国（9.5%）、日本（9.8%）、澳大利亚（8.3%）和韩国（6.7%）。在这段时间里，留法的中国学生人数约保持在28 043人，大约占在法留学生总人数的10%，这也让中国成为第二大留法生源国家。[④] 对中国政府而言，在21世纪，将学生送往海外求学，其目的不再仅仅是获取知识，同时还希望在他们回国之后能促进本国高等教育的国

---

① Jean-Louis Derouet, Philippe Savoie, Yiping Huo and Jean-Émile Charlier, La formation des élites en Chine et en France (XVIIe-XXIe siècles): Les apports de regards croisés: sociologie, histoire, philosophie politiques (Elite formation in China and France), Academia-L'Harmattan, 2017.

② He Huang, "China's Historical Encounter with Western Sciences and Humanities", In Michael Kuhn and Doris Weidemann (Eds.), *Internationalisation of the Social Sciences*, Transcript, 2010, pp. 21 – 44.

③ 《联合国教科文组织科学报告》, Science, https://fr.unesco.org/node/252299, 2018年4月30日。

④ 《2017年出国留学趋势报告》, http://www.eol.cn/html/lx/report2017/mulu.shtml, 2018年3月30日。

际化。政府的目的是“打造享誉全球的优质高校和具有国际竞争力的人才基地”,① 换句话说，就是要让中国进入世界科技强国的前列。

有些调查涉及占主导地位的人才关系发展，除此之外，还有些研究从微观社会学的角度关注学生和科学家的国际流动性，以研究他们流动轨迹及生活经历的多样性。知识和智力资本开启了再生产或是重组的过程，不论这些资本是否是在国际交流中积累起来的。② 举个例子，哈米多在他的研究中证明了塞内加尔的阿拉伯语学者在拥有知识以后，更加容易进入他们国家的精英阶层。③ 在其他国家，精英人士在求学海外、接受海外教育的过程中会发生改变，这是一种很显著的现象，主要原因是国内外知识差异太大。这里我们可以以非洲的一些政治军事专家转去从事金融业为例。④ 对国家精英所遵循的社会发展轨迹的研究表明，国际化的政策体现了国家间的重大利害关系，影响着社会流动性和促进就业，不管是预料之内还是预料之外的。在阶级方面，这些研究还对各民族的流动与非流动成员之间的不平等产生了影响。从社会阶级来说，就有许多不同的角色，包括政府、教育机构、科学组织团体、家庭以及个人。社会上还有着或分歧或共存的运作逻辑，彼此相互依存，有时也相互排斥，这也最终导致了社会上出现各种各样的人类活动。⑤

想要探究中国学生在法国获得博士学位后又回到中国高校任教这一动线，首要面临的问题就是中法两国在社会科学领域内的认识论差异。本文讨论的主要是中国留学生接受的双重科学教育，一种是在法国的社会环境下接受的教育，另一

① Futao Huang, “L'internationalisation de l'enseignement supérieur à l'ère de la mondialisation: Ses répercussions en Chine et au Japon” (The Internationalisation of Higher Education in the Global Era: Impacts in China and Japan), Politiques et gestion de l'enseignement supérieur, Vol. 19, No. 1, 2007, pp. 49 – 64.

② Étienne Gérard and Anne-Catherine Wagner, “Introduction: Élites au Nord, élites au Sud: Des savoirs en concurrence?” (Introduction: Competing Knowledge from North and South Elites?), Cahiers de la recherche sur l' éducation et les savoirs, Vol. 14, 2015, pp. 7 – 24.

③ Hamidou Dia, “Les diplômés en langue arabe au sein de l'élite sénégalaise: Du symbolique à l'académique” (Arab language Graduates in Senegalese Elite Circles), Cahiers de la recherche sur l'éducation et les savoirs, Vol. 14, 2015, pp. 187 – 206.

④ France Bourgouin, “Des individualistes globaux: ruptures et discontinuités dans les familles d'élites africaines transnationales” (Global Individualists: Breaks and Continuities in Transnational African Elite Families), Autrepart 2011/1 – 2 (57 – 58), 2011, pp. 299 – 314.

⑤ Stéphanie Garneau and Sylvie Mazzella, “Transformations des mobilités étudiantes sud-nord: Approches démographiques et sociologiques” (The Transformations of South-North student Mobility), Cahiers québécois de démographie, Vol. 42, No. 2, 2013, pp. 183 – 200.

种是在中国院校所接受的教育。或者又如阿拉因·库伦（Alain Coulon）所说，这些学生拥有双重的“隶属关系”。[①] 一些人认为，这些学生面临的主要困难来自在法国读博的方式。[②] 本文感兴趣的，一方面是在法国以学生身份挪用及二次挪用知识和新科学实践的条件；另一方面则是进入中国科学劳动力市场的条件。本文的目标是研究中法学术界之间的断层，以及由有着多种形式的科学归纳法引起的存在或不存在的问题，即一个在法国接受教育的研究人员回到中国后，在何种程度上，他会发现自己由于中国的科学环境与他之前所获得的承诺和技能有出入而感到紧张？

根据一些探究式访谈，有 29 名博士在读生和毕业生接受了开放式问卷调查，他们中有一半人在中国的高校任教。[③] 他们平均留法时间是七年，大部分人攻读硕士学位，其留学法国的时间均在 2000 年之后，超过 40% 是在 2010 年之后。29 人中有 22 人在攻读博士期间得到资助。这些问卷在笔者的社交圈中传阅，这也解释了为什么 29 个人中有 13 个都是社会学家，但尽管如此，他们还是代表了所有人文社科的学科。[④] 基于这次调查得到的数据，本文的第二部分会详细陈述中国学生在法国大学受教育有何特殊收获；第三部分则回到他们自身，思考他们在中国学术工作市场的价值。

二、从法国高校教育中得到的特殊收获

受访者在法国受教育期间，在学习方法和概念、对知识自由的要求和吸收新的思想类别方面，都有着特殊的收获。此次为受访者们准备的问题能够让笔者了解这些收获。

（一）学习新的思想

在法国读书的第一件事是学习法语。一位受访者（见附录序号 I16，下文提

---

① Alain Coulon，Le métier d'étudiant（Student，a Profession），PUF，1997.

② 一篇博客批判了所提的这些问题，参见 Jean-Louis Rocca（珍·露易丝·洛卡），“De la misère des thésards chinois en France”（《在法国准备博士论文的中国博士的痛苦》），Médiapart，2016，https://blogs.mediapart.fr/roccabeijinggmailcom/blog/250516/de-la-misere-des-thesards-chinois-en-france，2018 年 4 月 30 日。

③ 与年轻同事探讨的问题大约有十个，他们取得了人文社科的博士学位，要么在中国就业市场寻找工作，要么已经受聘。关于受访者信息表格可见于本文附录。

④ 在受访者的求职及资料上，我们注意到了他们社会地位的影响（他们的研究学科、专业发展和现状、研究话题，机构归属等）。

及受访者只注明序号）强调，用法语讨论和写作社会科学学科方面的东西也能够让他们用不同的方式思考：

对我来说，我所学到特别的且独一无二的是科学语言。科学语言在法国是一种修辞学。具体一点说，我学会了如何在众多不同的场合使用语言。例如口语展示、准备博士论文的发表、处理人际交往、发表文章、教学与训练等等。语言也是一种思考的方式。

所以这不只是掌握一种表达或游说技巧的问题，也是学习用另外一种方式思考这个世界，放弃他们原有的思维习惯和从小在中国知识教育下形成的某种条件作用。学习另外一种语言对改变一个人的思想有本质上的影响。[①]

以在法国学习为例，在国外留学使人能够通过新语言这面镜子，重构社会科学的分类。在学习新语言的过程中，这些年轻的研究者们能够更好地完成学业（I16）：

例如，中文“身份”和“认同”这两个词都翻译为法语词汇“identité”。但“身份”和“认同”都没有表达出“identité”的多重含义。再举其他例子，比如“identification”“dynamiqueidentitaire”或者“subjectivation”也是如此。法语词汇“insertion professionnelle”的意思与法国历史背景有关，比如福利国家和公共部门的就业的重要性。还有许多其他难以用法语词汇去分析中国情况的例子。这里以“社会分层法”为例，它在中国和法国有着不一样的历史。因此法语“catégories socio professionnelles”不能直接被用于中国社会。“cadre”这个词汇也是如此，广义上而言，它适用于法国社会学领域中，但在中国不适用于任何社会调查，因为它在这里指的是“党员干部”。

从中国到法国，换一种环境能够让人脱离从社会科学里存在论和实在论角度出发的概念。正如伊夫·谢弗里耶（Yves Chevrier）指出，环境的转变让人“重

① 期刊 *Tracés* 的最新一期“Traduire et intriduire les sciences socialesd’ Asieorientale”（2017）关注一系列由东亚与西方之间的交流所引起的问题。

新看待和批判社会科学中的概念和分类法，因为在欧洲历史和文化领域的发展过程中，它们都似有似无地被环境、常规模式和神话定了型”。①

事实上，一些受访者将法国优秀的社会学家的文章翻译成了中文。在此过程中他们提出，在人类学术语的翻译上难以找到对应的中文，比如“religion”（宗教），“patrimony”（文化遗产；文物），“rites”（习俗，仪式），“bride price”（彩礼，聘礼）（I2），或者“personal networks”（个人网络）（I3）。以“religion”为例，这个词在中文中有对应的翻译，即“宗教”，但作为根据西方源语而进行的分类是不适合描述中国实际的。况且，“religion”作为重构现有知识的一分子，在20世纪之交传入中国，对宗教领域的重造有着更加深远的影响。② 相比之下，“personal networks”可以被翻译为“个人网络”，但远没有“人际关系”一词这么含义丰富。“人际关系”是中文特有词汇，在文献中也被广泛讨论。③ 由于在中国背景下使用原汁原味的欧洲概念会造成一定的困难，上述讨论则对此进行了准确记录。

尽管对社会科学中采用的语言工具在语境本质上有清楚的了解，受访者们还是会尽一切努力去使用他们认为具有共同基础的概念，并且无论是在中国还是法国，这些概念都能够在大多数情况下阐明社会现实。有一位受访者对学以致用表示了信心：“大多数法国的社会学概念在深度探讨后可以用于研究中国社会。”（I16）尽管研究人员在法国习得的语言工具往往与在法国习得的方法一脉相连，但他们会在中国检验这些工具的启发式力量。

（二）对方法和概念的学习

在采访中有一个问题是：“法国留学期间，在你看来学到最特殊的东西是什么？”受访者们提到了理解科学问题的途径，也就是说，要同时理解方法和内容。一个主要的收获是“辩证地看待和思考事情”的能力（I1），这并不仅限于法国

---

① Yves Chevrier, “Les Aires culturelles dans les sciences de l'homme et de la société: Questions pour une prospective” (Cultural Areas in Human and Social Sciences), Paper read at the conference: Les Aires culturelles dans les sciences de l'homme et de la société: questions pour une prospective (Cultural Areas in Human and Social Sciences), CNRS, Gif sur Yvette 24 – 25 – 26 September, 2003.

② Gossaert, Vincent, “L'invention des ‘religions’ en Chine moderne” (The Invention of ‘Religions’ in Modern China), In Anne Cheng (Ed.), La pensée en Chine aujourd'hui (Chinese Thought Today), Gallimard, 2007, pp. 185 – 213.

③ Gold, Thomas, Doug Guthrie and David Wank (Eds.), *Social Connections in China: Institutions, Culture, and the Changing Nature of Guanxi*, Cambridge University Press, 2002.

留学生。跨学科研究的实践似乎看起来更加与众不同。部分受访者提到可以从几个不同的学科中借用概念，同时加以利用，如社会学、人类学、经济学和精神分析学（I1、I4）。在案例 I14 中，这位受访者在中国接受了采访，其中内容涉及一些新兴的非政府组织对公共卫生机构所忽略的问题作出的行动。另一位受访者提到，这些组织给他提供了机会，让他能够广泛地了解到仅次于主要课程外的学习经验。I3 表示："比起中国，结合了不同理论的跨学科研究和分析在法国更为普遍。"他们追求跨学科研究方法的过程，不仅彰显了法国社会科学教育的特点，还体现了不同领域研究的特点（假设我们大多数受访者都在中国继续他们的研究，这一点是很有可能的）。事实上，在地理或文化领域工作，主要的优势之一是不用被限制于学科界限之中，能够结合不同的方法进行尝试。但是，正如伊丽莎白·隆古恩尼丝（Elisabeth Longuenesse）和佛朗索瓦·西诺（François Siino）坚持认为的那样："想要真正学有所成，使用这些方法必须合乎逻辑，有系统的指导，在实际操作中能够完美操控。"①

在法国学习的时间里，年轻研究人员们能够发现全新的定量与定性的方法，这些是他们以前没有学过的。比如各种各样的采访技巧（I4）、参与观察法（I6）、关注生活故事、文本数据分析技巧（I16）、利用数据库和地理信息系统（I15）以及一般的定性调查法（I22）。实际上，在法国，研究者们需要收集呈交经过各种处理的数据，博士论文也是由此构思出来的。对于他们来说，掌握各种收集和使用数据的方法也是教育的一部分。

一些学生在法国求学的时候，学会了如何进行实地研究（I29），首先，作为一名调查员，他们会被鼓励对这一身份进行反思。有一位受访者（I1）提到了自觉反映和反思实地经验的重要性，而另一位（I2）却强调学会对"研究对象和研究环境做自觉反思"。更普遍的是其中一个调查中（I5）提到的认识论反思，这也是直到那时该学生才意识到它的贡献。自觉反思在所有社会科学学科中已经是必不可少的，特别是皮埃尔·布尔迪厄（Pierre Bourdieu）在作品中指出：自觉反思迫使研究者将他的研究手段运用于自身经验，去承担自我分析的任务。特别是对于社会学家来说，这种自我定位不仅包括对自己科学实践的批评分析，还包

① Elisabeth Longuenesse and François Siino, "Aires culturelles et pluridisciplinarités. Quel enjeu pour les sciences sociales ?" (Cultural Areas and Pluridisciplinarity), Revue du monde musulman et de la Méditerranée, No. 105－106, 2005, pp. 7－12.

括对所有知识产品诞生的社会条件的批评分析。①

在知识型工具这方面，年轻的受访者们提到了他们在法国首次学到的一系列概念。这些概念有一些是法国作家提出的，比如“治理术”（I1）和“集体记忆”（I4，I9）。还有一些别的概念则是在过去几十年里随着社会科学的总体发展而诞生，后来被历史学家、地理学家、政治学者和社会学家使用的，像“空间的产出”（I9）、“霸权”（I4）和“社会认同”（I9）。

在引用的学者中，对中国新一代研究者的知识发展有着主要影响的是亚历西斯·托克维尔（Alexis de Tocqueville）、埃米尔·杜尔凯姆（Emile Durkheim）、马塞尔·莫斯（Marcel Mauss）、马克斯·韦伯（Max Weber），他们是法国乃至欧洲社会科学的奠基人。有一位受访者强调，在法国读书更加看重“主流学术传统”（I19）。还有一些“二战”后的作家，对一些人来说，他们的重要性具体到国家的层面，比如保罗－亨利·乔姆巴德·德劳威（Paul-Henry Chombard de Lauwe）和亨利·科宁（Henri Coing），他们是城市研究的开拓者。除此之外，还有一些更具广泛影响力的人，如米歇尔·福柯（Michel Foucault）、皮埃尔·布尔迪厄（Pierre Bourdieu）和罗伯特·卡斯特（Robert Castel）。他们还提到了一些仍然在自己的领域发光发热、广为人知的社会学家、人类学家、历史学家、法学家和经济学家：克劳德·杜巴（Claude Dubar）、弗朗索瓦·杜贝（François Dubet）、雅克·康梅勒（Jacques Commaille）、莫里斯·戈德利尔（Maurice Godelier）、皮埃尔·罗森瓦隆（Pierre Rosenvallon）、让·卡伯尼尼尔（Jean Carbonnier）和罗伯特·博耶（Robert Boyer）。受访者们留法时期也为他们认识国外的作家提供了机会，比如乌尔里希·贝克（Ulrich Beck）和他的现代性理论，以及曼努埃尔·卡斯特尔（Manuel Castells）和他的“社会网络”概念。曼努埃尔曾在法国社会科学高等研究院任教，随后到美国开始自己的事业。之后我们会看到这些中国研究者们在回国后如何利用或者放弃这些资源去进行自己的科学产出。

由于大部分博士在读生和毕业生的工作材料是中文的，自然而然地，读博的经验为他们认识在中国的法国跨学科专家提供了机会。他们谈到了历史学家玛丽安·巴斯迪（Marianne Bastid）、玛丽－克莱尔·贝尔热（Marie-Claire Bergère）、

---

① Pierre Bourdieu, “L'objectivation participante” (Participant objectivation), Actes de la recherche en sciences sociales, Vol. 150, 2003, pp. 43－58.; Pierre Bourdieu, *Esquisse pour une auto-analyse* (*Sketch for a self-analysis*), Raisons d'agir, 2004.

雅克·格涅特（Jacques Gernet）、阿兰·鲁（Alain Roux）；专注于华人离散研究方面的地理学家马蒙（Emmanuel Ma Mung）；政治学家让－菲利普·贝雅（Jean-Philippe Béja）；还有经济学家蒂埃里·比诺（Thierry Pairault），这些都是各自领域中的佼佼者。很多受访者还提到了自己研究领域的研究者，还有他们工作上的导师。本文的最后一部分会介绍中国研究者们回国后如何调动这些资源进行科学产出的。另一种充分利用在法国所学的方法是与法国研究人员开展合作项目，或者是进行翻译活动。

（三）知识自由需求

受访者对法国的大学体系相对满意。与中国设置的大学体系相比，法国的大学体系给学者提供了更多选择学习内容和学习方法的自由（I3）：“法国研究中心的专业环境与中国很不一样。不论是和导师一起，还是和同事一起，我都有更多的自由来表达自己的想法。”他们最后选择在法国就业而非回到中国，可能就出于这一原因，就如 I4 所说：“我从未想过要在中国就业，我待在法国，就是为了它的知识自由。”①

另外一位受访者表示：“学者在法国能有更大的自由来选择自己的研究领域。”（I12）毫无疑问，在法国，尤其是在社会科学领域，虽然主要是国家为科学研究提供资金，但研究（特别是关于公共领域的研究）允许在框架内最大限度地独立思考。在中国，审查和自我审查则司空见惯。② 根据定义，法国社会科学将自己视为批判科学。③ 在中国，该类研究大部分由政府资金支持，以响应国家或省的需要，或是满足地方政府的要求。它们本质上是专家报告，因此受到当前政治路线的限制。④ 任何批评公共制度的观点，都面临着审查的风险。一回到中国，我们的受访者就必须根据现行规范调整研究实践，而知识自由是一项必须

---

① I4 是所有受访者中唯一一个没有取得博士学位就回国的研究人员。

② 有关中国威权体制内部的研究条件，请参见 Maria Heimer，and Stig Thøgersen（Eds.），*Doing Fieldwork in China*，University of Hawaii Press，2006，pp. 81－128。

③ 这里的“批判”一词是指研究人员的知识自由，而不是“批判社会学”和“批评社会学”的替代含义。第一种含义是指我们对马克思主义的解读，旨在揭示隐藏的统治关系，而第二个问题只涉及相反的方面，即对有关行为者观点的务实理解。

④ Zhang，Letian，“La crise de la recherche fondamentale. Recherche académique，logique du marché ou intervention étatique”（The Crisis of Fundamental Research：Academic Research，Market Logics or State Intervention），In Jean-Louis Rocca（Ed.），*La société chinoise vue par ses sociologues*（*Chinese Society Seen through its Sociologists*），Presses de Sciences，2008，pp. 289-307.

妥协的原则。在这方面有一些非常具体的例子。I29 在一次采访中提到研究过程中需要互相交换观点："在法国，我们习惯于参加讨论组，讨论概念和研究方法。"

这里的重点是在法国存在讨论研究的制度化空间。这种自由将博士生和他的论文导师拉开来。在中国，博士与导师的关系截然不同，因为博士研究生通常是由集体研究项目所资助，而这一项目又是由其导师所支持，这就使得研究者不可避免地要依赖其导师。我们其中一位受访者也证实了这一点（I9）：

与在中国读博的情况有很大不同的是，在法国，研究者能够独立进行社会研究。中国体系的特点是博士研究生与其导师之间关系十分密切，这在很大程度上会变成一种依赖关系。我在法国的研究学习对我有着积极帮助，让我能够以一种独立自主的方式来开展我的研究。

这里的区别在于教学关系和培养条件，其中辩论十分重要。一位受访者提出（I16）：

博士学习刚开始时，我和导师之间存在很多问题。我们沟通困难。我希望他能对我的问题作出明确的解答，但他的回答总是十分笼统；他让我找到自己的方式来提出问题。同时他对我要求又很高，而我还没有得到他的认可。……这些问题只要正确解决，我们之间的沟通就能改善。……我自己也成熟了，以一种独立的方式开辟发展了我的研究途径。

法国导师希望学生能自主得出自己的科研方法，能展示一些知识创新，而中国学生则似乎更多地被培养得只会服从导师的指示。

另一位受访者总结了一段针对法国教育的双重要求，即知识独立性与关键敏锐性，他将其与跨学科研究的实践以及上述研究人员的客观性期望联系在一起（I21）：

与此相结合，在法国人文科学所践行的自我反思中，存在着强大的跨学科元素，即需要反思正在进行的研究。这意味着要将注意力回归现实本身，整合多学科研究方法，甚至达到哲学层面的反思。此外，法国的科学思想在其发展方向上是多元的。从一个单一事实开始，它可以朝着不同的方向发展……而在中国，研究者接受的则是特定方法的教育。

总之，这里要说明的是社会科学所允许的各种可能性。在我们看来，这似乎确实是法国实践社会科学的主要内容之一。所有研究人员（从初级的到最有经验的）无论身在何处，都必须遵循设计方案的普遍方法，然后将其提交给资助机构或雇主。在这些文件中，他们必须准确说明要遵循的理论框架，要开展的调查，要检验的假设以及获得的结果。然而，如果已经遵循了所提议的调查路线，但调查本身还是没有揭示调查对象（因为这些对象一开始就未确定），那么他们的研究就没有创造性。研究人员对意外发现必须保持机敏并积极应对；即使他的研究是在预先确定的框架内进行，但结果仍然是不可预测的，定性研究尤其如此。①同样地，机会在编写过程中起着作用，因为要让一个刚刚诞生的想法成型并不容易。② 在撰写时，收集的数据及疑问可能会产生多个文本。正是研究人员所面临的这种自由使得实践难以进行，但是这种自由在整个研究过程中，无论是查询过程还是撰写过程，都必须保留下来。这就是其中一位受访者的观点，用他自己的话说，在法国，研究人员拥有更大的自由空间。

其他提到的法国院校教育的优势则有：更多的发表机会——“就发表作品问题上，法国比中国有更多的资源”（I12），更多的国际曝光率和“更多的国际交流机会”（I26）。实际上，毫无疑问，不论是法国还是中国，大学本身之间的差异就很大，这取决于它们在教育机构层次中的位置，取决于财力资源和教学资源，以及它们在国内外的声誉。这些差异在中国尤为明显，因为中国高等教育的公共政策正式认可了大学之间的差异：顶级院校是精英机构，很大程度上由中央政府资助，其次是受省级和地方政府之管的二级或三级院校。③

因此，若没有碰到障碍和困难，中国的年轻研究人员就无法理解法国学术体

① Kevin J O'brien，“Discovery，Research（Re）design，and Theory Building”，In Maria Heimer and Stig Thøgersen（Eds.），*Doing Fieldwork in China*，University of Hawaii Press，2006，pp. 27 - 41.

② Howard S Becker，*Les ficelles du métier. Comment conduire sa recherche en sciences sociales*（*Tricks of the Trade*：*How to Think about Your Research while You're Doing it*），La Découverte，2002；Lamia，Zaki，“L'écriture d'une thèse en sciences sociales：entre contingences et nécessités”（Writing a PhD thesis in social sciences），Genèses，No. 4 - 5，2006，pp. 112 - 25.

③ 武书连（Cf. Wu Shulian）：《中国大学评价》（*Classification of China's Universities*），2008 年，http://edu. sina. com. cn/gaokao/2018 - 02 - 05/doc - ifyrwsqh9613316. shtml，2018 年 4 月 30 日。

系运作方式。这些是适应大学生活的一般经验，但是，正如阿拉因·库伦所说，对于外国学生而言，这些经验要更为丰富。总之，与中国的科学培养实践对比，受访者们在多个方面都看到了法国科学培养实践的实际价值，即获取跨学科而非单独学科的知识体系、运用批判独立的思维方式，以及如所期望的那样，熟悉新作者。现在我们转向思考受访者们如何让自己再次适应中国学术圈的问题。

三、对中国科学体系的再次适应

我们的调查提供了以下方面的信息，即受访者回国后所面临的环境，以及他们的专业整合情况。在这里会很大程度地涉及一个问题，即他们在法国习得的能力究竟价值几何，能否经得起国内环境的考验？该调查阐明了受访者在法国院校接受培养的优势与劣势。

（一）回国留学生之间的竞争

很长一段时间以来，中国科学就业市场都很看重海外学习经验，这也是为什么1996年教育部要设立国家留学基金委员会作为一个附属机构，来资助博士研究生的海外学习。[①] 受资助者的义务就是至少用两年的时间来取得博士学位，这也是中国战略的一部分，旨在创造一个科学家体系，这些科学家将很好地融入国际学界，此外，这也在一定程度上解释了回国学生人数增长的现象：从20世纪90年代的70%增长为现在的接近100%。一些机构采取了特别激进的政策，I7的经历就是其中一个例子：2011年她在法国进行论文答辩之前就被国内一所一流院校录用为员工（此前她曾在该校学习），这一年，国内许多顶尖院校都选择录用那些有海外博士学位的人。

在这个就业市场中，在法国接受过培养的学生还要与从其他国家留学归来的学生一同竞争。几个受访者（I5、I9）表示，和那些从英语国家留学回国的人相比，留法学生竞争优势就没那么明显了。假定在法国学习过的大部分人现在都在中国工作，那么这种考虑就只对以下问题有重要意义，即关于中国研究在国际科学界的边缘位置（该研究在法国进行）。我们可以通过一些主要国际期刊编辑委员会中法国本地研究者的数量来衡量这种边缘性（这些期刊专门研究当代中

① CSC还资助各个层次的学生（学士学位、硕士学位、博士学位）以及在中国学习的教学和研究人员的旅费。

国）：《中国季刊》占20个，《中国期刊》占34个，《当代中国期刊》64个中占2个。然而，来自北美（大多数来自美国，其余则来自加拿大）的同事在同一委员会中却席位庞大，分别为15个、9个和40个。

同时，环境也在急剧变化："如果你在很少有学生出国留学的时期谈论这个问题的话，那么在法国获得学位的学生肯定是有优势的。但是现在这个时期，答案就不那么清楚了，因为我们的同事全都有国外留学经历。"（I9）

因此现在的情况和十年前相比就不那么乐观了。送学生出国留学的政治能动性产生了另一种结果，即许多在国内接受教育培养的年轻研究人员如今一直在找工作。此外，招聘标准也发生了变化："自此，学术成果的数量更为重要（比如作品发表）。"（I2）

（二）基于作品发表数量的招聘标准

英语国家在全球制定了自己的选拔标准，即他们设计的文献计量工具。中国大学，尤其是最好的大学，① 正充分利用这一工具进行自己的选拔。其中一名受访者意识到了这种情况："（科学就业）市场是全球性的，它的标准就是作品发表。"（I8）显然，想要得到录用资格，就得在国际期刊上发表论文，尤其是那些在SSCI（社会科学引文索引）中可以找到的期刊。②

该索引是由科学信息研究所（当前隶属汤森路透公司）于1973年建立的参考数据库，其中包括约3 000种涵盖55个人文和社会科学学科的科学期刊。根据米歇尔·达萨（Michèle Dassa）和丹妮丝·皮曼（Denise Pumain）的计算，2009年，于法国出版的24种期刊收录在SSCI中的，仅占1.19%。在约2 000种人文和社会科学期刊中，与英语期刊相比，法语期刊占比很低［美国为53.8%

① 仅引用其中最知名的：北京大学、清华大学、复旦大学和上海交通大学。

② 关于SSCI指数在科学研究（特别是SHS研究）中的主导地位，请参阅以下学者领导的辩论和讨论：Per O. Seglen，"Why the Impact Factor of Journals Should Not Be Used for Evaluating Research"，BMJ，Vol. 314，No. 7079，1997，pp. 498-502；Arturo Casadevall and Ferric C. Fang，"Causes for the Persistence of Impact Factor Mania"，MBio，Vol. 5，No. 2，2014；Odile Contat and Anne-Solweig Gremillet，"Publier：À quel prix? Étude sur la structuration des coûts de publication pour les revues françaises en SHS"（Publishing：At what cost? Study on the structuration of publication costs for French SHS journals），Revue française des sciences de l'information et de la communication，Vol. 7，2015.

(1 084种期刊)，英国为24.75% (498种期刊)]。[1] 这就部分解释了为何从英语语言国家留学归国的人员在中国市场占有优势，因为他们更有条件在参考数据库所收录的期刊中发表作品，尤其是SSCI。I12表示：

基本上，在中国发表论文，如果该期刊没被SSCI收录，那么你的论文发表将毫无用处。我们应该将法语出版物更好地融入SSCI中，以便这些出版物在中国大学的评估程序中能够被考虑在内。但实际上这是很难的。

另外一位受访者表示(I9)："就国外出版物来说，我的学校只承认在这两个索引上列出的出版物：在美国设立的SSCI和A&HCI(艺术与人文引文索引)。法国期刊很少被收录。因此，总的来说，学校不会注意到我们在法国期刊上发表的作品。"

在A&HCI数据库中，法国的66种期刊仅占所列出期刊的5.66%，而美国(492种)为42.2%，英国(197种)为16.9%。[2]

其中一名受访者总结了中、法以及英语国家所培养的博士研究生在中国就业市场中的比较优势(I9)：如果比较一下有着不同学术培养背景的同事，就会发现每个人都有自己的优势。那些从美国、英国，还有其他英语国家回来的人能够更好地用英语写作，并且能在SSCI期刊上发表文章。而那些在中国接受培养教育的，就会更加熟悉向国内资助机构提交研究项目的方法。但是那些在法国取得博士学位的人，既没有英语语言优势，又不清楚如何提交研究项目。

许多在中国接受培养教育的博士研究生青睐于短期的国外访学(持续时间为一个学期或一年)，以此获取国外经验，而非在国外完成整个论文写作。须注意的是，一些受访者正在一种中法联合学院的教育体制内完成博士学习，而在法国院校准备论文的人与国内学术界毫无联系，与他们相比，前者的经历在一定程度

---

① Michèle Dassa, Christine Kosmopoulos and Denise Pumain, "JournalBase. Comparer les bases de données scientifiques internationales en sciences humaines et sociales" (JournalBase. Comparing international scientific databases in human and social sciences), European Journal of Geography, 2010, p. 8, http: //journals. openedition. org/cybergeo/22864 (accessed on 19 January 2018).

② Michèle Dassa, Christine Kosmopoulos and Denise Pumain, "JournalBase. Comparer les bases de données scientifiques internationales en sciences humaines et sociales" (JournalBase. Comparing international scientific databases in human and social sciences), European Journal of Geography, 2010, p. 8, http: //journals. openedition. org/cybergeo/22864 (accessed on 19 January 2018)

上促进了这些博士的就业。大部分受访者在法国留学后选择回国，回到他们出国前曾经求学的城市（甚至学校）。这表明在中国建立和维护已存在的应聘科学网络十分重要，这也是I7回到中国就业市场之前所采取的战略路径。这里另一种评估标准开始起作用：年轻科学家的能力，即这些年轻的科学家要有降低对资助需求的能力，以此匹配中国就业市场提供的工作。这里引人注目的是，他们的科学能力不是问题，需要提升的是在学术界必须拥有的技能与策略：他们要能够按照文献数据库中期刊的格式撰写论文；要掌握向中国相关研究院申请项目资金的程序；要在中国学术界建立一个个人交际圈，以在学术界谋得一席之位，等等。

四、牢牢把握参考文献主要内容的需求

我们还必须评估法国的社会科学教育培养对中国就业市场的贡献：从为教学人员和研究人员设定的目标来看，高校如何评估他们留法期间的收获呢？要解答这个问题，我们必须分析其中一位受访者在其发表的文章中所使用的文献。他在法国待了三年（2005—2008），在一位法国导师和一位中国导师的共同指导下攻读博士学位。我们整合了他发表的9篇文章的主要内容，于2007年至2014年间被收录于法国期刊（7篇文章）和中国期刊（2篇文章）内，同时我们还加入了中文、法文和英文文本的引用部分。

所有文章共有299篇参考文献，其分布情况如下：中文64%，法文19%，英文17%。[①] 在整个七年里，事实证明，非中文参考文献占很大比例，仅法语参考文献就约占五分之一。2篇法语文章，其中42篇参考文献里各语种文献所占比重如下：法语文献60%，中文文献21%，英语文献19%。7篇中文文章，其中257篇参考文献里各语种文献所占比重如下：中文文献71%，英语文献17%，法语文献12%。法语参考文献的比例与法国对该出版物的支持程度相匹配，这不足为奇。这是作者有意识地适应不同高校要求的结果。我们认为这体现了作者的灵活性——他意识到不同的期刊有不同的要求，他需要满足要求才能够发表文章。总而言之，我们认为，由于受访者们隶属于中法两个不同的学术圈，因此他们能够制定在这两个学术圈内共存的策略。

---

① 真正考虑的是参考文献的语种。中文参考文献当然也可能包括一些最初以另一种语言出版的作品，就像法语中可能会提及英语作家的头衔一样，但是这些并无影响。

最近发表的一篇文章中有一份带图说明的比较数据，该文章旨在促进中法两国专门从事经济社会学研究的社会学家之间的沟通交流。① 数据显示，在中国研究者的12篇论文中，只有3篇提到法国研究者的作品，而且都是年代比较久远的：雅克·埃勒（Jacques Ellul）的《社会科学技术》（1965），皮埃尔·布尔迪厄（Pierre Bourdieu）的 *La Distinction*（1979）和阿兰·图拉恩（Alain Touraine）关于社会干预方法的著作。相比之下，英语语言的社会学著作被大量引用。这12篇文章全都由高级研究人员完成，他们是各自院校的中流砥柱，这与本文中探讨的初级研究人员不同。我们认为，后者在法国接受培养教育的研究初期，为他们之后进行定期的科学交流做了准备，这些交流可以采取共享研究计划的形式，比如说，为未来持续的认识论交互发展提供机会。

五、结论

本文的定性研究是基于一群在法国接受教育培养的中国年轻研究人员的情况而展开的，他们大部分都得到了资助并打算在中国的大学院校工作。调查显示，出国留学带来了求学地点选择多样化和认识论问题上的种种差异。在法国，受访者所经历的科学实践与他们在中国所经历的科学实践截然不同，这为个人自主性和充分了解知识传统开辟了很大的空间，同时他们又吸收了在欧洲背景下形成的一些概念，而这些概念中则有一部分不适用于中国背景。从这种观点出发，科学在不同领域之间的交流经历是有益的，因为它确保了思想范畴的陌生化特点，并提醒我们必须在上下文中看待所有知识产出。②

但是，这些受访者在专业整合中面临的考验似乎并没有任何具体的认识论层面的东西。他们表现出的是掌握了或多或少的必要的专业知识和专业策略。总而言之，虽然应该再多讨论一下不同院校的多样性，但中国主要的院校已经将其招聘、评估和晋升的模式与英语国家的模式结合，这个问题在21世纪初期引起广

---

① Roulleau-berger Laurence and Shiding Liu, Sociologies économiques française et chinoise: regards croisés (French and Chinese economic sociology), ENS éditions, 2014.

② Michel Espagne and Michael Werner (Eds.), Transferts Les relations interculturelles dans l'espace franco-allemand (XVIIIe-XIXe siècles) (Transfers. Intercultural relations in the Franco-German area), Éditions Recherche sur les civilisations, 1988; Pierre Bourdieu, "Les conditions sociales de la circulation internationale des idées" (The social conditions of the international circulation of Ideas), Actes de la recherche en sciences sociales, Vol. 145, 2000, pp. 3-8.

泛争辩。① 本文的结果将通过进一步的深入研究获得，例如对在法国接受教育培养的年轻中国研究人员所制作的课程大纲进行分析。

A Case of Double Socialization in the Social Sciences: The Experience of Chinese Researchers Trained in France

Gilles Guiheux, Wang Simeng

Abstract: This article discusses the epistemological issues raised by the internationalization of the social sciences as they affect the case of students from the People's Republic of China who are trained in social sciences in France and return to pursue their career in higher education and research in China. The aim is to assess whether the epistemological differences between the two academic worlds may give rise to any professional difficulties in this many-sided scientific socialization. Although our qualitative enquiry has revealed a few differences, the problem of the availability of professional opportunities does not seem to have a distinctively epistemological dimension.

Key Words: internationalization, social sciences, Chinese students, scientific socialization, epistemology, higher education

---

① Aurore Merle, "La réforme des universités et de l'enseignement supérieur en Chine: le débat autour de l'université de Pékin" (The reform of universities and higher education in China), Lettre du CEFC, Nouvelles de Chine, March-April, 2004.

附　录

受访者高校职业一览表

受访者代号	留法日期*	时长（年）*	博士研究学科（法国）	研究学科（中国）	博士研究资助来源****
I1	2007—2014	7	人类学	法语语言与文学	博士合同
I2	2010—2018	8	人类学	管理	CSC
I3	2012—2017	5	社会学	管理	CSC
I4	2001—2007	6	社会学	社会学	博士合同
I5	2009—2014	5	历史学	历史学	CSC
I6	2005—2013	8	宗教历史	历史学	CSC
I7	2000—2011	11	经济学	***	CSC
I8	2008—2014	6	社会学	社会学	CSC
I9	2004—2012	8	城市研究	城市研究	自费
I10	2010—2014	4	社会学	社会学	CSC
I11	2015—2018	3	社会学	社会学	CSC
I12	2008—2014	6	地理学	历史学与地理学	CSC
I13	2004—2017	13	社会学，移民	公共管理	自费
I14	2011—2016	5	社会学	社会学	CSC
I15	2002—2013	11	历史学	管理	自费
I16	2003—2016	13	社会学	民族学	博士合同
I17	2005—2012	7	政治学	政治学	自费
I18	2009—2018**	9	社会学	***	自费
I19	2016—2019**	3	哲学	文学	自费

（续上表）

受访者代号	留法日期*	时长（年）*	博士研究学科（法国）	研究学科（中国）	博士研究资助来源****
I20	2007—2018**	11	社会学	历史学和社会学	博士合同
I21	2011—2020**	9	人类学	文学	CSC
I22	2011—2018**	7	语言教育	法语	CSC
I23	2016—2020**	4	社会学	社会学	CSC
I24	2016—2018	2	社会学（博士后身份）	社会学	CSC
I25	2009—2017	8	人类学	新闻学	法国奖学金
I26	2013—2018**	5	哲学	哲学	CSC
I27	2014—2018**	4	法学	法学	CSC
I28	2011—2021**	10	社会学	***	CSC
I29	2005—2009	4	社会学	社会学	CSC

注：*指包括论文写作在内的留学法国的学习年限。论文发表之前，一些学生已在法国获得学士学位和硕士学位。

**表示论文仍在进行中。所示年份为其预计完成的年份。

***表示受访者并未在中国修过大学课程，而是在法国接受了所有的大学课程教育。

****表示主要有四种资助形式：自费，法国大学博士学位合同，CSC的资助以及另一项法国奖学金。

本问卷调查时间为2017年12月至2018年2月。

“变”与“不变”：华人特性在印尼的变迁

［文莱］云昌耀*
（译者：熊婉玉　袁凌敏）

【摘　要】中国正强势崛起，此历史性的变化也引起了人们对于海外华人群体华人特性的重新关注。中国的崛起对中华文化在当代印度尼西亚获得战略性重塑具有重大影响。对于许多海外华人来说，华人特性已经成了一种不可或缺的社会资本、文化资源以及民族商品，有利于其与中国进行商贸往来。中国提供的经济机会已成为印尼华裔通过重新和族群建立联系、学习普通话和大力消费中华文化产品的方式，重拾华人特性的强大动力。本文通过探寻印尼华裔群体的发展轨迹以及当代格局，认为就目前而言，华人特性被印尼华裔积极地视为一种经济资产。然而，过去经历数次暴力伤害的印尼华裔未来的命运如何，仍是个未知数。

【关键词】印尼华裔；中国崛起；海外华人；复中国化；中国侨民

* 作者简介：云昌耀（Chang-Yau HOON），文莱大学（Universiti Brunei Darussalam）高等研究中心主任。

一、引言

21 世纪头十年，伴随中国经济的快速发展，全球性及区域性的权力结构完成了重组。中国 GDP（国内生产总值）持续高速增长。① 海外华人在中国经济增长的初期阶段发挥了重要作用。中国在 20 世纪 70 年代末实行改革开放时，海外华人带来了三分之二的外商直接投资，并给中国提供了相对于其他发展中国家而言难以获得的资源。②

华裔群体不仅在大多数东南亚国家的私营经济中扮演着重要角色，而且是中国举足轻重的投资来源。他们的文化认同或华人特性、对文化规范的了解以及个人关系网使他们能比非华裔外商遭遇更少的内在风险。他们在促进中国对侨居国的对外投资中也发挥了重要作用。③ “一带一路”倡议为中国政府提供了机会，得以巩固华裔在东南亚的重要作用。

Jacques 推测，随着中国的不断崛起以及世界对中国的日益关注，“华裔群体将不断壮大，并随着中国国际地位的提升而享有越来越高的声望，同时感到与中国更亲近”。④ 另外，Wang 指出中国致力于创造一种和平发展、互相尊重、充满活力的氛围，这对当代文明的发展十分必要，华裔们也为此深感自豪。随着国际贸易迅猛发展，尤其是在中国—东盟自由贸易区于 2010 年建立之后，中国成为东盟最大的贸易伙伴。

近几十年来，中国认识到华裔的重要性，通过提升软实力和公共外交加强了与华裔的往来。⑤ 实际上，习近平早于 1995 年担任福州市委书记期间，就已经提出“大侨务”的概念。在担任总书记后，“大侨务”被纳入了习近平“中国梦思

---

① Colvin, G. , Study: China will Overtake the U. S. as World's Largest Economy before 2030, February 9, 2007, http: //fortune. com/2017/02/09/study-china-will-overtake-the-u-s-as-worlds-largest-economy-before-2030, 2019 - 03 - 04.

② Lee, J. , The Chinese Diaspora's Role in the Rise of China, *East Asia Forum*, September 14, 2016, https:// www. eastasiaforum. org/2016/09/14/the - chinese - diasporas - role - in - the - rise - of - china/, 2019 - 03 - 04.

③ Huang, Y. , Can a Chinese "Maritime Silk Route" Cool Tensions in Asia? *East Asia Forum*, May 5, 2014, http: //www. eastasiaforum. org/2014/05/05/can-a-chinese-maritime-silk-route-cool-tensions-in-asia/, 2019 - 03 - 05.

④ Jacques, M. , As China's Power Grows, the Diaspora Starts to Flex its Worldwide Muscle, *The Guardian*, June 11, 2008, https: //www. theguardian. com/commentisfree/2008/jun/11/china. comment, 2019 - 03 - 04.

⑤ Ding, S. , Chinese Soft power and Public Diplomacy: An Analysis of China's New Diaspora Engagement Policies in the Xi era, *Working Paper*, The East Asian Institute, 2014.

想”关于经济现代化、科技创新以及文化复兴的论述中。[①] 为此，中国政府倾向于把华人（外国国籍的中国人）以及华侨（定居国外的中国公民）统称为侨胞（海外中国同胞）。

中国还提出了一系列倡议以提高软实力，包括在世界范围内建立孔子学院和孔子学堂。通过建立这些机构，中国借助海外华人的力量宣扬中文和中国文化，与此同时也使华裔后代重拾中文、熟悉中华文化。此举也使海外华人重获身份认同，愈加亲近中华文明，以便于他们为中国更广泛的利益服务，或至少表示认同。[②]

中国的崛起对中华文化在当代印尼获得战略性重塑具有重大影响。本文将探讨中国与印尼华裔之间关系的发展变化。首先讨论印尼华裔这个内部多元化群体的发展轨迹，包括苏哈托总统执政时期实施的歧视性同化政策，该政策迫使印尼华裔抹杀自身的文化认同。大规模反华暴动之后，苏哈托政府于 1998 年 5 月垮台，华人特性复兴，预示着改革和民主化的新时代的到来。本文将批判性地评价当代印尼华裔的文化政策，以及中国崛起对其追寻文化认同所产生的深刻影响。

二、本土的外来者

印尼华裔人口数约为 2 700 万，占总人口的比重为 3.78%。Wang 将这个群体描述为“独特的”，因为他们的文化认同在整个印尼发展史上一直存在问题。[③] 自 1740 年荷兰人在爪哇岛进行第一次种族清洗以来，这个少数群体便长期受到迫害。他们在不同的历史时期都曾被当作随意攻击的目标，以发泄社会仇恨，这一情况在 1998 年 5 月反华暴动中达到高潮。[④] 尽管他们已经在群岛上居住多年，甚至有些“峇峇娘惹”（土生华人）的血统可追溯到 17 世纪，[⑤] 但许多印尼当地人依旧把他们当作外来者或外国人。

实际上，历史学家认为，荷兰殖民以前在群岛定居的中国移民大多已被当地

---

① Liu, H. and Van Dongen, E., China's Diaspora Policies as a New Mode of Transnational Governance, *Journal of Contemporary China*, 2016, 25 (102), pp. 805 – 821.

② Suryadinata, L., *The Rise of China and the Chinese Overseas*, ISEAS Publishing, 2017.

③ Wang, G., Are Indonesian Chinese Unique? In J. A. C. Mackie (Ed.), *The Chinese in Indonesia: Five essays*, Thomas Nelson, in association with The Australian Institute of International Affairs, 1976, pp. 119 – 210.

④ Hoon, C-Y., *Chinese Identity in Post-Suharto Indonesia*, Brighton and Portland, Sussex Academic Press, 2008.

⑤ Pan, L., *Sons of the Yellow Emperor: The Story of the Overseas Chinese*, Mandarin, 1990.

社会接纳。[①] 可以说，殖民划分与统治政策在荷兰东印度群岛人为地创造出了印尼华裔这一少数群体。荷兰的统治政策在历史的土壤里埋下了偏见的种子，时不时导致印尼华裔和普里布米人（意思是“印尼土壤孕育的人”“本土人”“土著”）之间的矛盾，同时导致华人特性的出现。这种华人特性后来成为一种有价值的政治工具，被后殖民时代印尼政权操纵以达到自己的目的。

这些华裔被当作替罪羔羊，尤其是当国家遭遇危机的时候。比如，苏哈托政权的建立与倒台都以反华暴乱为标志。已故作家普拉姆迪亚·阿南达·杜尔曾于书中描述印尼华裔们被视作“贱民”时所面临的艰难处境。他在 1960 年写道：“他们于我们先祖时期便居住此地。实际上，他们是真正的印尼人，生于此也逝于此。然而，他们却被政治家视为操控的工具，突然间成了不是外来人的外来人。”[②] 这是为了反击苏加诺总统 1959 年颁布的 10 号总统令（人称“PP－10 总统令”）。此令禁止华裔在印尼县级以下的地区经商，导致十万多名华裔被迫离开印尼返回中国。[③]

三、文化多样的族群

印尼华裔的文化构成丰富多样。历史上，他们曾被划分为新移民“托托克”以及已融入当地文化的“峇峇娘惹”。前者带有纯华人血统并从中国来到印尼，后者则与当地人通婚并已在马来群岛上居住了几个世纪。最初根据出生地和种族对两者进行划分。当峇峇娘惹在岛上居住了几个世纪以后，由于已经习惯了当地的文化、语言、习俗、日常生活并与当地女子通婚（移民大多为男性），他们身上失去了许多华人特性。有些人甚至皈依伊斯兰教，取穆斯林的名字，穿穆斯林的服装。他们被荷兰当局视为当地人。[④] 即便在许多方面与当地文化全面融合，

---

① Somers, M. F. , *Peranakan Chinese Politics in Indonesia*, Interim Reports Series, Modern Indonesia Project, Cornell University, 1964.

② Toer, P. A. , *Hoakiau di Indonesia* [Overseas Chinese in Indonesia], Penerbit Garba Budaya, 1998.

③ Mandal, S. K. , Pengantar [Introduction], In Pramoedya Ananta Toer (Ed.), *Hoakiau di Indonesia* [Overseas Chinese in Indonesia], Penerbit Garba Budaya, 1998, pp. 1－30.

④ Williams, L. E. , *Overseas Chinese Nationalism: The Genesis of the Pan-Chinese Movement in Indonesia, 1900－1916*, The Free Press, Glencoe, 1960; Tjhin, C. S. , Indonesia's Relations with China: Productive and Pragmatic, but not Yet a Strategic Partnership, *China Report*, 2012, 48 (3), pp. 303－315.

他们被视为一个单独族群的情况却从未消失。① Salmon 指出，截至 1900 年，仍有大量的峇峇娘惹"从未被当地人完全吸收"。② Salmon 把他们分为两类：易区分和不易区分的。后者已经完全融入当地文化，如皈依穆斯林，而前者则仍旧保持身上的华人特性，那是一种使他们能够继续保持华人的身份认同并与当地人区分开来的文化特质。③

殖民种族阶级制度、经济特权、宗教以及文化认同是影响同化的主要障碍。在荷兰殖民东印度群岛时期，根据享有合法权利和特权的不同将人口分为三个等级：欧洲人居上位，东方人（主要是中国人）居中间，当地人则位于底层。华人被夹在欧洲人及本地人中间，扮演着收税者及放贷者的角色。除此以外，他们还在一些有利可图的商业活动中享有垄断特权，如贩卖鸦片、经营赌场和当铺。事实证明，当地殖民政府找到了一种通过收取许可费提高政府收入的简便途径，即授予华裔特许经营权。④ 19 世纪，原住民对华裔在印尼经济中发挥重要作用感到不满，还认为他们是爪哇民众的吸血鬼。⑤ 在殖民种族阶级制度的实行下，华人们不愿被当地社会同化，因为那意味着所处社会阶层下降，同时也会失去某些特权。

学者们还把峇峇娘惹抵制同化的现象视为中国沙文主义和中国具有文化优越感的标志。举个例子，阿米约说："峇峇娘惹凭借自身保留的中华文化与印尼社会区分开来。之所以保留中华文化是由于中国人独有的文化特质（一部分原因），即在艰苦环境下依旧吃苦耐劳、韧性十足"。⑥ 据威廉姆斯推测，中国人身

---

① Salmon, C., Ancestral halls, Funeral associations, and Attempts at Resinicization in Nineteenth-Century Netherlands India, In A. Reid (Ed.), *Sojourners and Settlers: Histories of Southeast Asia and the Chinese*, ASAA Southeast Asia Publications Series, Allen and Unwin, 1996, pp. 183 – 204.

② Salmon, C., Ancestral Halls, Funeral Associations, and Attempts at Resinicization in Nineteenth-Century Netherlands India, In A. Reid (Ed.), *Sojourners and Settlers: Histories of Southeast Asia and the Chinese*, ASAA Southeast Asia Publications Series, Allen and Unwin, 1996, pp. 183 – 204.

③ Salmon, C., Ancestral Halls, Funeral Associations, and Attempts at Resinicization in Nineteenth-Century Netherlands India, In A. Reid (Ed.), *Sojourners and Settlers: Histories of Southeast Asia and the Chinese*, ASAA Southeast Asia Publications Series, pp. 183 – 204.

④ Williams, L. E., *Overseas Chinese Nationalism: The Genesis of the Pan-Chinese Movement in Indonesia, 1900 – 1916*, The Free Press, Glencoe, 1960.

⑤ Anonymous, Chinese Control Over Rural Trade in Java in the Mid-nineteenth Century, In M. R. Fernando & D. Bulbeck (Eds.), *Chinese Economic Activity in Netherlands India: Selected Translations From the Dutch*, Institute of Southeast Asian Studies, 1992, pp. 19 – 25.

⑥ Amyot, J., *The Chinese and the national integration in Southeast Asia*, Monograph Series No. 2, Institute of Asian Studies, Faculty of Political Science Chulalongkorn University Press, 1972.

上的文化优越感是印尼华裔与印尼民众进行社会交流的主要障碍。[①] 这一观点被Li进一步证实，他重申道："中国中心论或汉人中心论是他们不能完全融入当地社会的原因。"[②]

19世纪90年代迎来了新一轮华裔移民浪潮。这次他们却以和峇峇娘惹不同的方式表现出身上的华人特质。与前期移民主要为男性不同，这次有相当一部分移民为女性。因此，印尼华裔男性能与中国女性结婚，并不需要娶当地女性或者女峇峇娘惹为妻。于是这些移民构成了一个独特的"托托克"族群。[③] 由于他们来自中国的不同地区、说着不同的方言，因此并不是一个统一的整体。1930年人口普查发现，其中人数最多的四群人分别是福建人、客家人、潮州人以及说粤语的广东人。然而，当"托托克"作为一个整体和与他们文化习俗、语言、政治观念明显不同的峇峇娘惹相比，他们内部的差异性似乎得到了统一。

1929年经济大萧条后，华人移民到印尼的浪潮渐渐平息，导致托托克群体因为没有新移民的到来而无法继续壮大。[④] 这使得仅仅依靠种族、血统和出生地区分托托克和峇峇娘惹变得不再具有信服力。学者们开始从社会文化方面区分他们。[⑤] 根据新定义，托托克指的是虽然出生在印尼，但在中国文化环境下长大，用中文交流的华裔。与此相反，峇峇娘惹不仅包括中印尼混血华裔，还有出生在印尼且能说普通话或者汉语任何方言的具有纯正血统的中国人。[⑥]

20世纪上半叶，这两个群体在身份、文化、政治、教育等方面的观念都大相径庭。举个例子，峇峇娘惹说着半中文半印尼语，在荷兰或印尼学校念书，认

---

① Williams, L. E. , *Overseas Chinese Nationalism: The Genesis of the Pan-Chinese Movement in Indonesia, 1900 – 1916*, The Free Press, Glencoe, 1960.

② Li, M. , From "Sons of the Yellow Emperor" to "Children of Indonesian Soil": Studying Peranakan Chinese based on the Batavia Kong Koan archives, *Journal of Southeast Asian Studies*, 2003, 34 (2), pp. 215 – 230.

③ Mackie, J. A. C. and Coppel, C. A. , A Preliminary Survey, In J. A. C. Mackie (Ed.), *The Chinese in Indonesia: Five Essays*, Thomas Nelson, in association with the Australia Institute of International Affairs, 1976, pp. 1 – 16.

④ Coppel C. , *Indonesian Chinese in Crisis*, Oxford University Press, 1983; Coppel C. , *Studying Ethnic Chinese in Indonesia*, Singapore Society of Asian Studies, 2002.

⑤ Skinner, W. G. , The Chinese Minority, In R. T. McVey (Ed.), *Indonesia*, HRAF Press, 1963, pp. 97 – 118; Suryadinata, L. , *Peranakan Chinese Politics in Java: 1917 – 1942*, Singapore University Press, 1981; Tan, M. G. , The Ethnic Chinese in Indonesia: Issues of Identity, In L. Suryadinata (Ed.), *Ethnic Chinese as Southeast Asians*, Allen and Unwin and Institute of Southeast Asian Studies, 1997, pp. 33 – 65.

⑥ Coppel C. , *Indonesian Chinese in Crisis*, Oxford University Press, 1983; Coppel C. , *Studying Ethnic Chinese in Indonesia*, Singapore Society of Asian Studies, 2002.

同荷兰或印尼的文化或政治理念。而托托克讲汉语方言或普通话，在中国学校念书，文化政治观念上更倾向于中国大陆或中国台湾。[①] 然而，由于特殊的政治或社会事件，华裔们改变自身文化认同的情况时有发生。

一个典型的例子是20世纪初期一系列华人组织如雨后春笋般涌现，包括中华会馆（THHK，或称华教协会）、中国商会、华人报刊《新报》等[②]，一种新的华人特性在峇峇娘惹们身上表现出来。[③] 新移民的托托克也展示出对一些峇峇娘惹极具吸引力的华人特性，这些峇峇娘惹渴望文化归属感，并且认为他们的混血身份缺乏文化真实性。他们加入中华会馆、寻找方法使没落的中国习俗重新焕发生机、弘扬儒家思想、为华文学校提供现代化课程。[④] 由于儒家思想和华文教育唤醒了他们作为中国人的自豪感，这些再次中国化的峇峇娘惹开始在文化和政治上朝着中国靠拢。[⑤]

1966年至1998年“新秩序”时期，印尼实施军方支持的同化政策，峇峇娘惹与托托克的区分已渐渐消失。这条政策使得一些华文学校、组织和报社被迫关闭或解散。所有的华人必须在印尼学校登记上课，必须说印尼语（国家通用语）。Suryadinata 指出，大多数华裔在这段时间被同化，这意味着托托克和峇峇娘惹之间的区分已不复存在。[⑥] “新秩序”期间遭遇同化政策的强制洗礼后，托托克处处受限，难以维系并保存他们自身的文化，导致峇峇娘惹与托托克的差别已逐渐缩小。

四、同化暴政

“新秩序”期间，华人特性受到压制。因为印尼当局认为这是与共产主义有

---

① Suryadinata, L. , *Peranakan Chinese Politics in Java: 1917 – 1942*, Singapore University Press, 1981.

② Wilmott, D. E. , *The National Status of the Chinese in Indonesia*, Interim Report Series, Modern Indonesia Project, Cornell University, 1956.

③ Wilmott, D. E. , *The National Status of the Chinese in Indonesia*, Interim Report Series, Modern Indonesia Project, Cornell University, 1956.

④ Salmon, C. , Ancestral Halls, Funeral Associations, and Attempts at Resinicization in Nineteenth-Century Netherlands India, In A. Reid (Ed.), *Sojourners and Settlers: Histories of Southeast Asia and the Chinese* , ASAA Southeast Asia Publications Series, Allen and Unwin, 1996, pp. 183 – 204.

⑤ Somers, M. F. , *Peranakan Chinese Politics in Indonesia*, Interim Reports Series, Modern Indonesia Project, Cornell University, 1964.

⑥ Suryadinata, L. , *The Chinese Minority in Indonesia: Seven Papers*, Chopmen Enterprises, 1978b.

关的安全威胁。这次政变后，“反共反华”情绪高涨，席卷印尼。[①] 印尼华裔的文化、宗教、对印尼经济的贡献，甚至他们的存在本身都被“新秩序”时期的政客们打上“Masalah Cina（华人问题）”的标签。[②] 为管理这些“问题华人”，政府实施了有军方支持的同化政策，禁止公开表现出任何华人特性，包括中文名、华文学校、相关组织、媒体以及文化活动。中文印刷品和麻醉剂、色情制品、爆炸物一样被禁止引入印尼境内。这证明印尼当局认为华人对其国家安全存在严重威胁。[③]

实际上，在冷战时期，印尼执政当局强烈怀疑印尼华人可能是中国派来的间谍。这种怀疑导致当地政府和印尼土著对华人的不信任，也解释了他们歧视华裔以及对华裔实行文化压迫的原因。[④] 谭坚称：“对于当时仍在努力被当地居民接受的华裔来说，这是一个艰难的时期。”[⑤] 他认为，海外华人普遍认同辉煌的中华文明——而不是中国的发展现状——这并没有降低他们对各自国家的忠诚度。谭认为，应将对中国的历史认同和文化认同与政治认同（作为中华人民共和国的中国）区分开来。但是，“新秩序”期间印尼政府并不认同这种观点，认为与华人特性有关的任何事物都与共产党联系在一起，都会威胁到国家利益。[⑥]

20 世纪 90 年代早期，经过冷战和中印尼关系正常化，这种怀疑虽然有所减弱，但从未完全消失。Heryanto 认为，20 世纪 90 年代中印尼关系正常化之后，反华情绪有所减弱，并将其归因于“幻想出的‘共产主义威胁’影响力渐弱”。[⑦] 然

---

① Suryadinata, L. , *Pribumi Indonesians, the Chinese Minority and China: A Study of Perceptions and Politics*, Heinemann Educational Books, 1978a.

② Allen, P. , “Literature and the Media Contemporary Literature from the Chinese ‘Diaspora’? in Indonesia”, Asian Ethnicity , 2003, 4 (3), pp. 383 – 400.

③ Heryanto, A. , Rape, Race and Reporting, In A. Budiman, B. Hatley and D. Kingsbury (Eds.), *Reformasi: Crisis and Change in Indonesia* , Monash Asia Institute, 1979, pp. 299 – 334.

④ Sukma, Rizal. , “MasalahCina” dalamkerangkahubungan Indonesia – RRC [‘Chinese Problem’ in the Framework of Indonesia-China Relations], In I. Wibowo (Ed.), *Retrospeksi dan rekontekstualisasi ‘MasalahCina’* [Retrospection and recontextualisation of the ‘Chinese Problem’] PT Gramedia Pustaka Utama, 1999, pp. 129 – 146.

⑤ Tan, C. B. , Chinese in Southeast Asia and Identities in a Changing Global Context, In M. J. Armstrong, R. W. Armstrong and K. Mulliner (Eds.), *Chinese Populations in Contemporary Southeast Asian Societies: Identities, Interdependence and International Influence* , Curzon Press, 2001, pp. 210 – 236.

⑥ Tan, C. B. , Chinese in Southeast Asia and Identities in a Changing Global Context, In M. J. Armstrong, R. W. Armstrong and K. Mulliner (Eds.), *Chinese Populations in Contemporary Southeast Asian Societies: Identities, Interdependence and International Influence* , Curzon Press, 2001, pp. 210 – 236.

⑦ Heryanto, A. , Ethnic Identities and Erasure: Chinese Indonesians in Public Culture, In J. S. Kahn (Ed.), *Southeast Asian dentities* , Institute of Southeast Asian Studies, 1998, pp. 95 – 114.

而，“新秩序”期间一名军官 Letjen TNI（Purn）Sayidiman Suryohadiprojo 曾写过一篇文章，号召通过强制华裔服兵役同化华裔。此举表明印尼政府（尤其是军方）仍然怀疑中国政府可能在利用华裔为中国利益服务。①

但矛盾的是，印尼华裔虽然有特权发展国家经济并积累自身财富，却在社会生活的各个方面被边缘化，受到种种歧视，包括文化、语言、政治、就读公立大学、享受公共服务、担任公职等，不一而足。② 政府对印尼华裔长期而有针对性的歧视不断加深他们的外来感，使他们在种族和阶级敌对中处于弱势地位。1998年5月，大规模反华暴动爆发，这是数十年以来歧视华人的国策积攒下的反华情绪的宣泄。

1998年，亚洲金融危机席卷东南亚，印尼也遭受重创，公众要求苏哈托总统下台的呼声越来越高。然而，印尼政府却让华裔当替罪羊，让他们为经济动荡负责。③ 在1998年5月的反华暴动中，印尼华裔的财产遭到洗劫和焚毁，华人也受到攻击，甚至有妇女遭受强奸。许多富裕的华裔家庭携带资产逃往印尼更安全的地方（比如巴厘岛）或者海外。④

印尼华裔就国籍来说属于印尼公民，而中国一向不干涉他国内政。⑤ 此外，中国不想使两国于1990年刚刚恢复的外交关系再次面临危机。廖建裕还认为，1998年反华暴乱刚好发生在中国刚刚开始崛起并尝试加入东盟时期，如果介入会对中国造成不利影响。但是廖建裕推测，如果今天印尼发生类似的大规模反华暴乱，中方的态度也许有所不同。⑥

---

① Suryohadiprojo, S., Pembauranlewatwajibmiliter [Assimilation through military conscription], In R. D. Wahono (Ed.), 70 *tahunJunus Jahja: Pribumikuatkuncipembauran* [70 years of JunusJahya: Strong Pribumi, the key is to assimilate], PT Bina Rena Pariwara, 1997, pp. 116 - 120.

② Heryanto, A., Ethnic Identities and Erasure: Chinese Indonesians in Public Culture, In J. S. Kahn (Ed.), *Southeast Asian dentities* Institute of Southeast Asian Studies, 1998, pp. 95 - 114.

③ Budiman, A., Rethinking Ethnicity and Nationalism: Anti-Chinese and Anti-Australian Sentiment in Indonesia, In D. Kingsbury and A. Budiman (Eds.), *The Uncertain Transition*, Crawford House Publishing, 2001, pp. 264 - 291.

④ Purdey, J., *Anti-Chinese violence in Indonesia, 1996 - 1999*, Singapore University Press, in association with Asian Studies Association of Australia, 2006.

⑤ Suryadinata, L., *The rise of China and the Chinese Overseas*, ISEAS Publishing, 2017.

⑥ Suryadinata, L., *The rise of China and the Chinese Overseas*, ISEAS Publishing, 2017.

五、百花齐放

苏哈托政权于1998年垮台，它标志着独裁的“新秩序”时代的终结，同时也意味着一个全新的、变革的民主时代到来。对于印尼华裔来说，这次改革为他们提供了机会，能够获得作为印尼公民应该享有的平等权利，找回之前被压抑的文化认同感[①]。后苏哈托时代的印尼对法律体系进行了重大改革，包括撤销针对印尼华裔的公民身份和宗教文化活动的歧视性法律。具体来说，包括废除（申请印尼国籍时）强制上交额外材料证明公民身份（只针对印尼华人）的规定；停止对于“普里布米”（本土）和“非普里布米”（非本土）两个词语的官方使用；废除禁止学习汉语的法律；宣布将春节列为法定假日；禁止使用贬损性词汇“西纳”（Cina）指“中国人”。

后苏哈托时代的印尼，“华人特性”从一种耻辱性的身份认同变成了一种著名的民族商品。尤其每到春节，各大唐人街和中国寺庙里张灯结彩，集会表演舞龙舞狮，大型购物商场用红色（幸运色）饰物装饰，更体现了这一点。大众媒体又聚焦转播中国主题的节目，比如观众穿着中国传统服装的游戏节目、介绍中国风水和占卜术的脱口秀节目等。[②] 这样的场景在20年前苏哈托当政时期是无法想象的。

随着印尼华人被剥夺的合法权利逐渐恢复，中华文化和民族认同感也开始在印尼复苏。改革之后，学习中文的印尼人数激增，前所未有，这一现象也被学者称为“普通话热”。[③] 中国的崛起以及中国带来的经济机会，使印尼华裔重新对他们的文化遗产和民族身份感到自豪。有学者将这种现象称为复中国化。复中国化指几乎失去与中国所有血脉联系的华裔再发现其华人特性并自发认同其文化根源的过程。[④] 可以说，后苏哈托时代的复兴由原生华人特性主导，这种特性的特征是自然化、固定化和本质化，根本上建立在传统、语言、世系、身体特征和文

---

① Hoon, C-Y., *Chinese Identity in post-Suharto Indonesia*, Sussex Academic Press, 2008.

② Hoon, C-Y., More than a Cultural Celebration: The Politics of Chinese New Year in Post-Suharto Indonesia, *Chinese Southern Diaspora Studies*, 2009 (3), pp. 90 – 105.

③ Hoon, C-Y. and Kuntjara, E., The Politics of “Mandarin Fever” in Contemporary Indonesia: Resinicization, Economic Impetus, and China's Soft Power, *Asian Survey*, 2019.

④ Ang, I., Trapped in Ambivalence: Chinese Indonesians, Victimhood, and the Debris of History, In M. Morris and B. de Bary (Eds.), *“Race” Panic and the Memory of Migration*, Hong Kong University Press, 2001, pp. 21 – 47; Suryadinata, L., *The Rise of China and the Chinese Overseas*, ISEAS Publishing, 2017.

化的基础上。可以说这种华人特性的表现很大程度上是由老一辈的商业精英托托克促进和资助的，他们大力复兴苏哈托执政前华人学校、社团和媒体蓬勃发展的黄金时代。此外，全球华裔认同的原生华人特性可以用作一种战略资源，以有效利用华裔资本网络，并在与华裔社区的其他成员或与中国进行业务往来时获得信任。①

六、新时代是否到来

中印尼关系的分水岭出现在2005年，苏西洛·班邦·尤多约诺政府同中国政府签订了一项战略伙伴关系协议，这项协议内容广泛，包括政治、国防、安全、法律、经济、社会文化方面的合作。双方又于2010年1月通过了一项五年行动计划，致力于建立“技术、地区和国际事务、融资安排方面的双边对话合作机制”，从而加强了伙伴关系。② 尽管历史上印尼军方对中国怀有敌意，中印尼双边关系仍在政治、经济、军事等不同领域继续加强。③ 这说明印尼将中国视为意识形态威胁的观念正在减弱。

文化方面，除了印尼出现复中国化，中国还正式推广了印尼华裔文化。比如，2011年5月，300多名印尼华裔参加了在福建省举办的印尼文化节（福建省是许多印尼华人祖上的故乡），旨在“加深家族联系”。④ 此外，中国政府不断设置更多奖学金给希望在中国接受高等教育的印尼学生，这表明中国致力于扩大其

① Menkhoff, T., Chay, Y. W., Evers, H-D. and Hoon, C-Y., Introduction: Coping with Change-Understanding Ethnic Chinese Business Behavior, In M. Thomas, Y. W. Chay, H-D. Evers and C-Y. Hoon (Eds.), *Catalyst for Change: Chinese business in Asia*, World Scientific, 2014, pp. 23–60.

② Nabbs-Keller, G., Growing Convergence, Greater Consequence: The Strategic Implications of Closer Indonesia–China Relations, *Security Challenges*, 2011, 7 (3), pp. 23–41.

③ Goh, S. N., China Wants Closer Ties with Indonesia, says Premier Li Keqiang, *The Straits Times*, February 9, 2018, https://www.straitstimes.com/asia/se-asia/china-wants-closer-ties-with-indonesia-says-li, 2019–03–04; Aisyah, R., Chinese Investments trending in Indonesia, *The Jakarta Post*, 2018, http://www.thejakartapost.com/news/2018/05/02/chinese-investments-trending-in-indonesia.html, 2019–03–04; Parameswaran, P., What's Next for China–Indonesia Military Ties, *The Diplomat*, July 31, 2018, https://thediplomat.com/2018/07/whats-next-for-china-indonesia-military-ties/, 2019–03–04; Purdey, J., *Anti-Chinese violence in Indonesia, 1996–1999*, Singapore University Press, in association with Asian Studies Association of Australia, 2006.

④ Nabbs-Keller, G., Growing Convergence, Greater Consequence: The Strategic Implications of Closer Indonesia–China Relations, *Security Challenges*, 2011, 7 (3), pp. 23–41.

在印尼的软实力，也意味着印尼学生对中国学历的需求不断增加。①

中国的崛起，引起了海外华人社区对华人特性的重新关注。② 在当代印尼，重塑被同化的印尼华裔的华人特性某种程度上类似于之前提到的峇峇娘惹的复中国化。中国崛起后出现了新的经济政治格局，Ang 提出疑问：这种新格局是否会给本土化、当地化、混血的华裔的认同感以生存空间，或者这种认同感是否会逐渐被国际化的中国带来的同质化、本质化和国有化力量压制？③

若将印尼华裔视为一个经济共同体，Tong 认为印尼华裔能作为一个独特群体存在，不仅在于其传统文化烙印，还在于其经济特征。④ 事实上，在苏哈托统治时期长大的印尼华裔的民族认同更适合由他们的阶级属性（即大部分属于中产阶级）来定义，而非文化背景，因为他们大多数并不熟悉中国传统文化，也不会说中文。因此，为求生存发展，华裔身份已经成为一种社会资本，华裔们可以利用这种资本建立商业联系，从而维持共同的身份认同。

对印尼而言，中国的崛起不是一句空话，对其经济至关重要。两国经济联系日益紧密。过去几年中国成为印尼最大的贸易伙伴：2016 年双边贸易额超过 520 亿美元，2017 年达到 634 亿美元。⑤ 在印尼群岛建公路、港口和铁路的宏伟计划也体现出两国日益紧密的经济联系。此外，中国“一带一路”倡议计划投资 870 亿美元用于基础设施建设，预计印尼将成为该倡议在东南亚的最大受益国。⑥ 2018 年 5 月，李克强总理对印尼进行国事访问，进一步加强了双边关系，特别是

---

① Yosephine, L. , China Boosts Scholarships for Indonesians, *The Jakarta Post*, March 15, 2017, https://www.thejakartapost.com/seasia/2017/03/15/china-boost-scholarships-for-indonesians.html, 2019 - 03 - 04.

② Kuehn, J. , Louie, K. and Pomfret, D. M. , China Rising: A View and Review of China's Diasporas Since the 1980s, In J. Kuehn, K. Louie and D. M. Pomfret (Eds.), *Diasporic Chineseness After the Rise of China: Communities and Cultural Production* , University of British Columbia Press, 2013, pp. 11 - 16.

③ Ang, I. , No longer Chinese? Residual Chineseness after the Rise of China, In J. Kuehn, K. Louie and D. M. Pomfret (Eds.), *Diasporic Chineseness after the Rise of China: Communities and Cultural Production* , University of British Columbia Press, 2013, pp. 17 - 31.

④ Tong, C. K. , *Identity and Ethnic Relations in Southeast Asia*, Springer, 2010.

⑤ Goh, S. N. , China Wants Closer Ties with Indonesia, says Premier Li Keqiang, *The Straits Times*, February 9, 2018, https: //www.straitstimes.com/asia/se - asia/china - wants - closer - ties - with - indonesia - says - li, 2019 - 03 - 04.

⑥ Yuniarni, S. , Here's How Indonesia can Benefit from China's Belt and Road Initiative, The Jakarta Globe July 5, 2018, https: //jakartaglobe.id/context/heres - how - indonesia - can - benefit - from - chinas - belt - and - road - initiative, 2019 - 03 - 06.

在建设21世纪海上丝绸之路和构建人类命运共同体的合作方面。①

中国在东南亚的投资日益增长，让该地区的华裔有机会发挥更大的作用。Setijadi指出，自20世纪70年代以来，中国一直将海外华侨比作桥梁，表明华侨群体扮演着中间人角色，将他们的侨居地与故土联系起来。② 当中国经济首次向外商投资敞开大门时，海外华侨得以利用自己的华人特性和个人关系网来减轻外国投资者面临的一些固有风险。

如今，华人特性已经成为必不可少的社会资本、文化资源和民族商品，有益于与中国的商业往来。中国提供的经济刺激措施已成为印尼华裔（尤其是年轻一代）通过重新和族群建立联系，学习普通话并大力消费中国文化产品复中国化的主要动力。③ Setijadi观察到，印尼华裔企业家在与中国同行打交道时，会策略性地表现出他们的华人身份，从而营造一种原生的亲近感。④ 但也有观察家认为，尽管他们可能在语言和文化上有着相似之处，东南亚的大多数华裔除了纯粹的经济利益和投资获利之外，对中国没有任何亲近感。⑤

中国持续扩大的经济影响力受到邻国的普遍欢迎，特别是对于“一带一路”倡议带来的大量贸易机会。但是，过去几年来，印尼国内对中国对印尼经济影响的增强表示担忧。这些担忧有一些本质上是排外的，而其他一些更多是基于对经济竞争的恐惧。前者体现在当印尼华裔政客或商人和中国达成交易时，印尼媒体或政界时不时对他们的“不忠”和“民族主义”喋喋不休。⑥ 而后者体现在，印尼媒体对于中国—东盟自由贸易区的报道主要都是对中国产品涌入的恐惧。最

---

① Ge, H., China – Indonesia Relations Move Forward, Need Care From Both sides, May 7, 2018, *Global Times*, February 9, 2018, http://www.globaltimes.cn/content/1101105.shtml, 2019 – 03 – 04.

② Setijadi, C., “A beautiful bridge”: Chinese Indonesian Associations, Social Capital and Strategic Identification in a New Era of China – Indonesia Relations, *Journal of Contemporary China*, 2016b, 25 (102), pp. 822 – 835.

③ Hoon, C-Y., *Chinese Identity in Post-Suharto Indonesia*, Brighton and Portland, Sussex Academic Press, 2008.

④ Setijadi, C., “A beautiful bridge”: Chinese Indonesian Associations, Social Capital and Strategic Identification in a New Era of China – Indonesia Relations, *Journal of Contemporary China*, 2016b, 25 (102), pp. 822 – 835.

⑤ Chang, A., Beijing and the Chinese Diaspora in Southeast Asia: To Serve the People, *NBR Special Report#43*, The National Bureau of Asian Research, 2013; Huang, Y., Can a Chinese “Maritime Silk Route” Cool Tensions in Asia? *East Asia Forum*, May 5, 2014, http://www.eastasiaforum.org/2014/05/05/can – a – chinese – maritime – silk – route – cool – tensions – in – asia/, 2019 – 03 – 05; Tong, C. K., *Identity and ethnic relations in Southeast Asia*, Springer, 2010.

⑥ Tjhin, C. S., Indonesia's Relations with China: Productive and Pragmatic, but not Yet a Strategic Partnership, *China Report*, 2012, 48 (3), pp. 303 – 315.

近，随着中国对外国直接投资创下历史新高，“据称有 1 000 万至2 000万人涌入印度尼西亚抢走当地人蓝领工作”的传言甚嚣尘上。雅加达前华裔省长钟万学（人称“阿学”）被指控亵渎宗教期间，该传言更是沸沸扬扬，达到前所未有的程度。由此可见，该传言不仅是仇外，本质上是个政治问题。[①] 尽管印尼总统佐科·维多多随后驳斥称这一传言是毫无根据的，但有关中国对印尼经济影响力日益增强的担忧仍然是一个敏感问题，最终可能会导致印尼华裔首当其冲。在 2019 年大选之前，曾有观察家预测，中国对印尼投资被政治化将仍然是一个棘手的问题。[②]

此外，印尼华裔在政治参与、宗教习俗等日常事务中仍面临相当大的挑战。闹得沸沸扬扬的雅加达前省长钟万学亵渎宗教案就是一个例子。除此之外，钟万学又代表着“华裔”“基督教徒”双重少数的身份，因此在印尼是一个有争议的人物。2017 年他参加雅加达省省长选举时，其种族和宗教身份就是诽谤分子瞄准的一个目标。

在 2016 年的一次活动中，钟万学说有些人对《古兰经》某些经文断章取义以教唆民众在即将到来的选举中不给非穆斯林候选人（也就是他）投票。他告诉民众不要被这些人愚弄。这一说法被断章取义，大肆渲染，并在社交媒体上风靡一时。钟万学最终被控诽谤《古兰经》。2016 年 11 月上旬和 12 月上旬在雅加达举行了两次反钟万学群众集会，约有 10 万至 50 万人走上街头要求逮捕并起诉钟万学。如此大规模的群众事件无形中唤醒了过去不久的 1998 年反华暴动对印尼华裔造成的恐惧。[③] 2017 年 4 月输掉选举后，钟万学被判处两年有期徒刑，更加导致人们对印尼司法公正的幻想破灭，尤其是对其他种族和宗教少数群体所遭受的不公平待遇感到失望。

实际上，在雅加达行政长官选举中，钟万学的竞争对手阿尼斯·巴斯维丹（Anis Baswedan）趁机利用种族和宗教这个敏感话题，一再呼吁选民选择一名原住民穆斯林做领导人。2017 年 10 月 16 日在雅加达总统府举行的就职演说中，巴

---

① BBC News, Ahok Trail: The Blasphemy Case Testing Indonesian Identity, February 14 , 2017, http://www.bbc.com/news/world-asia-38902960, 2019-03-04.

② Ge, H., China-Indonesia Relations Move Forward, Need Care From Both Sides, May 7, 2018, *Global Times*, http://www.globaltimes.cn/content/1101105.shtml, 2019-03-04.

③ BBC News, Ahok Trail: The Blasphemy Case Testing Indonesian Identity, February 14, 2017, http://www.bbc.com/news/world-asia-38902960, 2019-03-04.

斯维丹重申其关于原住民的论调，强调印尼原住民应成为自己家园的主人，"过去，我们原住民遭受压迫和失败。现在我们独立了，是时候成为我们自己家园的主人了"。[①] 这些言论使华裔们产生疏离感。他们一直认为自己处在"虽然不是外国人，但被认为是外国人"的境况中并居住在不属于他们的土地上。他们觉得这片土地属于这片土壤孕育的人，即印尼原住民。

除了钟万学事件外，据称，近年来激进的伊斯兰主义者实施的不友善和暴力行为有所增加，导致袭击华人庙宇和要求拆除中国宗教雕像事件的发生。2017年8月，出于伊斯兰极端主义分子的压力，在东爪哇一片寺庙建筑群中竖立着的一座100英尺高的中国武士关羽神像，不得不被盖上一块巨大的布。抗议者聚集在位于泗水市的东爪哇省议会大楼外，要求摧毁神像。他们声称雕像是偶像崇拜的象征。一名抗议者甚至谴责称，印尼土地上有外国将军的雕像是叛国的象征（海峡时报，2017年8月17日）。上述事件表明，公开表达华人特性仍面临争议，印尼华裔的地位危机重重，印尼的多元文化主义脆弱不堪。

七、结语

本文着眼于印尼华裔群体，按照这个有争议的少数群体的发展轨迹，对该族群的身份认同难题做出了细致的讨论。本文研究了"华人特性"对印尼华裔的意义，以及这种意义在不同的历史时期是如何变化的，从而根据这种变化证明了该群体认同感的可变性和工具性。后苏哈托时代的改革和民主化进程为印尼华裔重新发现他们的文化遗产和民族认同开辟了新的空间，而这恰逢中国在全球经济、军事和政治领域的崛起。

中国的崛起对中华文化如何在当代印尼获得重建产生重大影响。对印尼许多被同化的华裔来说，中国的崛起同样影响重大。为了能与崛起的中国交往，他们如今有动力重新建立民族认同感，重新审视中华文化遗产。目前而言，华人特性被印尼华裔视为一种经济财富。但是，如果中印尼双边关系发生转折，印尼国内经济和政治在未来面临挑战，无法预测印尼华裔的境遇是否有可能反弹。

---

① Simanjuntak, D., Commentary: Why Anies Baswedan, A New Governor with Big Shoes to Fill, is Echoing Hardline Sentiment, *Channel News Asia*, October 19, 2017, http://www.channelnewsasia.com/news/commentary/commentary-why-anies-baswedan-a-new-governor-with-big-shoes-to-9322756, 2019-03-04.

Continuity and Change: The Dynamics of Chineseness in Indonesia

Chang-Yau HOON

Abstract: The momentous rise of China as a new global power has given rise to renewed interest in Chineseness among diasporic Chinese communities. The impact of China's rise has a tremendous influence on the ways in which Chinese culture is being strategically reconstructed in contemporary Indonesia. To many Chinese overseas, Chineseness has become an indispensable social asset capital, cultural resource and ethno-commodity that can benefit them in their commercial dealings with China. The economic incentive that China has to offer has become a major impetus for Chinese Indonesians to resinicize by reconnecting to their Chineseness, learning Mandarin and enthusiastically consuming Chinese cultural products. Through examining the historical trajectory and contemporary dynamics of the ethnic Chinese in Indonesia, this article argues that for the time being, Chineseness is embraced positively among Chinese Indonesians as an economic asset. However, the fate of this community, which has experienced numerous violent traumas in the past, remains uncertain in the future.

Key Words: Chinese Indonesians, rise of China, overseas Chinese, resinicization, Chinese

评沈惠芬著《留守妻子：从福建到东南亚的家庭移民（1930—1950年）》

杨真真*

书籍信息：Shen Huifen, *China's Left-Behind Wives: Families of Migrants from Fujian to Southeast Asia, 1930s - 1950s*. Singapore: National University of Singapore Press, 2012. xxiii + 259pp. ISBN: 9789971695613.

一直以来，围绕中国迁往南洋的移民故事只有一种叙述：华人移民如何在侨居国适应新的挑战和困难，或部分华人移民如何在居住地得以幸运地做大做强。然而，“留守中国”的现象却很少被提及，尤其是男性出洋后妻子留守中国的真实境况。基于此，本书作者沈惠芬围绕海外华人移民研究相关理论内容，探讨了国际移民和性别研究视野下被忽略的话题——“番客婶”（留守妻子）。[①]

据记载，自清朝以来，尽管清政府针对移民的政策时有变动，大量华南地区的男性青年仍选择远渡南洋以寻求更好的工作机会。然而，福建许多地方延续了传统习俗，婚姻的缔结几乎总是由家中长者把持，嫁入的新娘很少有机会在婚礼前与自己的丈夫见面。通常来说，新娘与新郎同住几周或者几个月后，就将新郎送出国；新娘与丈夫的家人则留守家中照应家务，在某些情况下还需要承担社会经济和家庭责任。一般而言，“番客婶”中的许多人婚前很少或者从未见过她们的丈夫。作者曾记录18个在世“番客婶”的口述史访谈，与此同时，福建泉州等地的档案资料和地方报刊也进一步佐证和充实了“番客婶”相关的研究资料。事实上，这些“番客婶”经历了很长一段时期的政治动荡和社会变化，包括20世纪30年代国民政府执政时期、第二次世界大战（1937—1945年）以及1949

---

* 作者简介：杨真真，暨南大学国际关系学院/华侨华人研究院博士研究生（Email：jyugioksing@ateneo. edu）。

① 南洋华侨被称为番客，南洋客或洋客，他们留在家乡的妻子，即现代语境中的“留守妻子”，当地人称之为“番客婶”。

年中华人民共和国的成立。“番客婶”的婚姻与家庭经历，展现了她们在“守寡”背景下如何生存和生活，以及她们如何经受“大跃进”和“文化大革命”带来的政治苦难。

此外，书中多章提到了持续、经常性的汇款（侨汇）在“番客婶”生活中起到重要作用，这不仅反映在侨乡的社会经济发展进程中（可参见作者提供的兴建房屋的照片），也反映在留守家庭的生活差距上。例如，南安县华美村和团结村等地部分家庭就未曾收到丈夫的侨汇。值得注意的是，随着 1938 年至 1941 年的政治局势恶化，书中展示了这些家庭从海外收到高涨的汇款的数据，“当海外丈夫看到法币的价值在中国急剧下降，他们便把钱款寄回了家”。此外，汇款还维系了“番客婶”与海外丈夫之间的情感联系，部分报道指出，侨汇让妻子能够具体了解她们丈夫在海外的安全和生活状况。

本书同时考察了 1941 年至 1949 年间的特权群体——“侨眷”（海外移民在国内的家庭成员），并探讨了该群体与中国政府的关系，以及采取何种方式融入中国的政治中。书中还穿插了一些受访“番客婶”的谈话及其传记，这些传记有助于在理解华侨婚姻问题上提供个体的角度，诸如超越空间地理的异地奋斗史，以及妻子扮演的仅次于儿子的社会角色等故事。其中，部分故事讲述了丈夫的家庭（包括留守家庭、家族和社群等）对“番客婶”的监视与约束，以及“番客婶”可能遭受的被视为耻辱的、“不守妇道”的质疑。部分“番客婶”的故事则是关于华侨婚姻挫败的情感问题，例如，丈夫在她们不知情的情况下于海外重婚；或者多年后夫妻重逢面临的不和谐的关系——她们认为“番婆”① 会迷惑自己的丈夫。沈的著作侧重于学术研究，运用丰富的口述访谈和文献资料，从另一个角度再现 20 世纪 30 年代至 50 年代中国福建留守妻子的真实生活全貌。

最后，本书还提供了丰富的照片纪录，有助读者进一步理解“番客婶”所在年代的社会和政治氛围。笔者认为，本书内容翔实有趣，不仅展示了“番客婶”所处时代的社会及政治环境，也详述了诸多受访者的独特经历。笔者相信，在当前跨国移民迅速发展的背景下，本书可以进一步为海外华人和国际移民研究提供更多的知识理论与资源讯息，书中的诸多观点也为性别研究及移民研究提供了全新视角。

---

① 番婆：南洋华侨的外国妻子一般被称为“番婆”，为闽南一带及台湾的方言称呼。

英语学界的侨批研究开山之作

——评班国瑞、刘宏著《亲爱的中国：1820—1980 年的侨批研究》

叶丽萍*

书籍信息：Gregor Benton and Hong Liu，*Dear China*：*Emigrant Letters and Remittances*，*1820 – 1980*. Oakland：University of California Press，2018. xiv + 286 pp. ISBN：9780520298415.

侨批是指海外华人移民通过民间渠道寄回侨乡，附带家书或简单留言的汇款。侨批一般包括侨汇与侨信。① 一般认为，“侨批”这个概念源于闽南语，这里的“侨”泛指海外华侨华人，“批”在闽南、潮汕等地区的方言中是对书信的称呼。因此，侨批实际上是一种汇款和书信合而为一的跨国家书。② 学术界对侨批的系统整理和研究起步于 20 世纪末至 21 世纪初，目前中国国内学术界较有代表性的成果有：广东省潮汕历史文化研究中心整理出版的《潮汕侨批集成》③，福建省整理出版的《闽南侨批大全》④，福建省档案馆整理出版的《福建侨批档案文献汇编》⑤，等等。丰富的侨批资料（包括文献和实物史料）逐渐吸引了国内外学者的关注，尤其是在 2013 年 6 月 19 日侨批档案申请入选《世界记忆名录》成功以后，学术界对侨批的讨论日益增多，侨批档案的历史价值也随着更多

---

* 作者简介：叶丽萍，厦门大学博士（Email：liping_ye@ 126. com）。

① ［英］班国瑞、刘宏：《侨批贸易及其在近代中国与海外华人社会中的作用——对“跨国资本主义”的另一种阐释》，《南洋问题研究》2019 年第 1 期，第 58 页。

② 黄清海：《海洋视野下的侨批探微》，黑龙江教育出版社，2019 年，第 3 页。

③ 潮汕历史文化研究中心编：《潮汕侨批集成》（共 3 辑，108 册），广西师范大学出版社，2007 年、2011 年、2015 年。

④ 本书编委会（黄清海、苏通海、林南中、谢佳宁等）编：《闽南侨批大全》（共 2 辑，30 册），福建人民出版社，2016 年、2018 年。

⑤ 福建省档案馆编：《福建侨批档案文献汇编》（第一辑，全 25 册），国家图书馆出版社，2017 年。

研究成果的出版而为世人所知并获得更广泛的传播。

班国瑞（Gregor Benton，又译格雷戈尔·本顿）与刘宏合著的《亲爱的中国：1820—1980 年的侨批研究》[①] 号称英语学界研究中国侨批的开山之作，这使得侨批研究开始出现在西方学界的视野，而不再局限于中国国内、日本以及东南亚地区，从而成为侨批研究国际化的里程碑作品。班国瑞和刘宏的合著赋予了侨批新的世界意义，尤其是他们还把侨批与欧洲移民的书信进行了比较。王赓武教授为此书作序，并直言它的出版触发了那些与侨批相关的生命回忆。侨批经历了一百多年的历史，但它的作用长期以来一直被忽略。班国瑞和刘宏系统梳理了最新的侨批藏品和侨乡学者的著述，不仅全面描述了侨批这种跨国家书的现象及其与华南地区侨乡慈善事业之间的关系，还提供了与其他国际移民经验的启发性比较。此书是对侨批历史的系统性分析，以一种全球视野去审视侨批的价值，值得肯定。

一、内容介绍

班国瑞和刘宏表示，此书的写作构想产生于 2013 年 4 月的“中国侨批·世界记忆”国际研讨会，现存丰富的侨批藏品与文献价值给他们留下了深刻印象，因此他们决定撰写一本关于侨批和侨批贸易的通史类书籍。目前中国大约有 16 万封侨批[②]被保存于私人收藏和公开档案中，这些侨批曾在特定历史时期维系了中国侨乡与海外侨居地如东南亚、美洲和太平洋地区的联系。以侨批为媒介，不同政治系统中的华人如何建立社会、政治与文化空间的联系？此书不仅关注侨批本身的特征与发展演变，也关注现代中国与海外移民的联系，尤其是海外移民的汇款对中国经济现代化的影响。华人强烈的家国情怀与深厚的文化底蕴是现代中国跨国网络机制形成的关键基础。透过班国瑞和刘宏的研究，我们能够从更深层的跨国多元视角观察近现代中国的历史变迁。

此书的主体部分有七个章节，第一章主要介绍了侨批研究的学术史。作者以 2013 年侨批档案入选《世界记忆名录》这个时间节点为界，梳理了 2013 年之前

① Gregor Benton and Hong Liu, *Dear China: Emigrant Letters and Remittances, 1820 - 1980*, University of California Press, 2018, p. 288。

② 这是班国瑞和刘宏在合著第 3 页中的说法，但是根据黄清海《海洋视野下的侨批探微》一书第 51 页的说法，中国现存的侨批有 30 万封以上。

侨批研究和中国社会与区域历史的兴起，以及2013年以来的侨批研究在中国乃至全球学界的发展，并提出了一些方法论上的思考。第二章主要介绍侨批贸易的结构及其跨国网络。侨批贸易始于18—19世纪水客（跨国夹带信件和包裹的人）的出现。西方列强入侵中国之后，批局（汇兑局）在通商口岸城市兴起，侨批贸易在20世纪上半叶达到了顶峰，批脚（专门收送侨批的人）是侨批贸易的最后一个环节。侨批贸易建立的组织网络伴随着电信技术、现代邮政系统以及现代银行业的发展成熟而逐渐没落并最终消亡。第三章主要从中国资本主义的视角探讨侨批贸易的特点、概念、业务模式，以及与中国侨乡一度盛行的侨刊现象之间的内在联系，并且考察了侨批与海洋文化的关联。作者认为，侨批贸易是中国资本主义一种独特的早期形式，依赖于中华文化与家国情怀，并具有一定的世界性，以及多重的（multiple）而非模块化（modular）的现代性。第四章主要分析不同地域的侨乡与海外侨居地之间侨批贸易的差异及其成因和后果。侨批贸易的准入门槛并不高，需要的启动资金少，良好的声誉是最重要的。在客家地区的侨批贸易中，水客发挥了不可忽略的作用。而海南籍的海外华侨华人在经营侨批贸易方面也具有一定的优势。五邑地区主要与北美进行侨批贸易，而广府地区则是与大洋洲开展侨批贸易。

第五章主要分析侨批与现代中国经济、政治的关系。侨批在中国全面抗战期间（1937—1945）与国共内战时期（1945—1949）都发挥过重要作用，也在一定程度上推动了近现代中国日常经济的发展。但现代银行与邮局的出现和发展，使得不同时期的现代中国政府都试图将侨批的通信与汇款功能分离，分别纳入国家经营的邮局和银行的业务范围。第六章主要探讨侨批与侨乡社会发展，尤其是慈善事业发展的内在关联。侨批贸易与侨乡慈善事业紧密联系，其运作机制、影响和理论意义被长期忽视。侨批和相关的汇款网络是海外华人慈善事业的重要方式，侨乡利用侨汇慈善捐赠推动家乡教育、宗教和文化等各项事业的发展，从而进一步强化了海外华人与中国的联系。第七章主要是对侨批与欧洲移民书信的比较。实际上，在19—20世纪，欧洲白人迁移到殖民地也是大规模的人类迁移活动，他们的移民书信甚至结集成册。中国人也曾移民到这些殖民地，是以一种“永久的外来者”身份而存在的。侨批与欧洲移民的书信有何不同？作者从移民环境、邮政文化、批局与邮局的差别，以及邮资、信件内容、写信礼仪习惯、隐私问题等方面进行了细致的比较。

二、创新与不足

班国瑞和刘宏的合著比较全面地梳理了侨批发展的历史谱系，并探讨了侨批贸易作为一种独特形式的跨国资本主义在联系中国与海外华侨华人之间发挥的不可忽略的作用。不同于中国国内学术界惯常称呼的“侨批业”，此书以“侨批贸易”为研究中心，揭示了侨批与华人资本主义的内在关联，这无疑为学术界对华人跨国贸易网络研究提供了新思路。此外，侨批对侨乡社会的发展建设、对中国民间慈善事业的贡献，以及对近现代中国政治与经济的影响，都在此书中得到了充分的论述。最有新意的是，此书将中国的侨批与欧洲移民的书信做了较为翔实的比较研究，这不仅为国际移民研究提供了一种比较视野，也使得侨批通过国际性的对话而获得了更丰富的学术价值，彰显了一定的世界意义。还有，此书精选了一些侨批与回批翻译成英文，并且将一些具有方言特色的专业术语做了详细的标注，这些都有助于侨批研究的国际化，促进了西方学术界对中国侨批的关注和研究。

班国瑞是著名的汉学家，刘宏也是著名的华侨华人研究学者，此书具有较大的影响力。不过，书中选用的侨批信函、批局等案例似乎可以更加丰富。例如在分析批局的时候，作者主要以天一批局为个案，但是其他的批局，例如著名的福成批局、正大信局、王顺兴信局等在此书缺乏介绍和比较。还有，在分析侨批贸易的谱系时，此书对海南侨乡与海外华人社会之间的侨批贸易着墨特别少，是因缺乏资料还是其他缘故不得而知。

三、对侨批研究的再思考

侨批档案的价值不言而喻。19 世纪以来，侨批承载了无数华人的近现代历史记忆，真实地记录了中国与海外华侨华人聚居地的日常生活，见证了海外华侨华人以一种“跨界中华”的情怀在居住国与中国的政治、经济和文化等多领域发挥的历史作用，从而为分析宏观历史的微观机制提供了丰富的经验素材。侨批现存的数量巨大，主要保存在私人收藏和公共档案馆，还有一些散落于民间的侨眷家中。如何更好地保护这些脆弱的纸质侨批？如何挑选那些真正有价值的侨批影印成册，或者形成电子档案，以便更好地传承？学者想要利用侨批档案进行学术研究，需要具备何种知识储备与文化素养？这些都需要更加系统深入的探讨。

侨批有待挖掘的价值还有很多，中国学术界的侨批研究总体上仍然处于起步阶段，深刻认识到侨批的价值并且能够合理、充分使用侨批资料的学术成果还不够丰富。国外学术界以班国瑞、滨下武志等为代表的学者虽然已经开始关注和研究侨批，并陆续出版了一些成果，但是他们更多的是从宏观的角度去考察侨批及其意义，对于侨批蕴藏的家国情怀、家族故事、时代情感，以及普通民众的微观历史缺乏细致的体验，重视的程度也不够。事实上，普通民众也是历史的参与者和推动者，中国侨乡社会与海外华侨华人社会互动的历史应该受到更多的正视和尊重。以侨批研究为契机，学界应当更加重视那些微观个体具有规律性的集体行为，使历史叙事更真实、更完整和更鲜活，使理论研究更有解释力。

侨批资料可以运用在更加广泛的专门史研究中，例如华侨史、移民史、金融史、邮政史、中外关系史、文化传播史等。中国侨批档案的整理出版是基础性的工作，只有逐渐将最有价值的侨批资料以一种大众可以触及的方式广泛传播，甚至翻译成为多语言的作品，侨批研究才能更深入地推广。随着时间的消逝，与侨批历史密切相关的人物应该得到更多的重视，例如对于还在世的水客和批脚，可以组织学者进行口述史的研究，记录这些历史亲历者有价值的思想和故事，使其穿越历史获得现实意义。

综上所述，侨批是理解近现代中国历史、中国海外移民史的重要资料，侨批的保护、使用和研究之路任重道远。侨批作为世界记忆的重要名录，其承载的历史故事，既是中国文化的重要内容，也是区域文化甚至世界文化的重要内容。在强调讲好中国故事的今天，我们推动侨批走向世界，参与国际学术界的对话，并唤起更多人对侨批所处时代的共鸣，对侨批研究产生兴趣，是非常有现实意义的，也是我们义不容辞的责任。在这方面，班国瑞和刘宏合著的《亲爱的中国：1820—1980 年的侨批研究》一书则为我们提供了重要的启示，希望中国学术界能够厚积薄发，充分利用我们自身的优势，构建一个更加完善的侨批研究体系，从侨批故事厚重的历史内涵中探寻其对新时代的现实意义。